LE RETOUR

Anne-Marie QUÉRAUD

© 2014 Anne-Marie Quéraud   Contact : courmantel@hotmail.fr

Éditeur : Books on Demand GmbH,
12/14 rond point des Champs Élysées, 75008 Paris, France

Impression : Books on Demand GmbH, Norderstedt, Allemagne

ISBN : 978-2-322-03537-3   Dépôt légal : mars 2014

Page de couverture : Rue Droite, dessin de Roger Bailly

L'auteur remercie tout particulièrement Jeanne Penaud-Requier de l'avoir encouragée à publier son livre et Bruno Argueyrolles de l'avoir mis en forme avant édition.

L'auteur remercie également Roger Bailly de lui avoir permis de faire figurer son dessin en page de couverture.

Se souvenir, c'est retrouver en soi-même sans pouvoir regarder ni toucher. Quelques années après le retour à Martel, les impressions avaient été si fortes, si vivantes que j'ai éprouvé le besoin de les garder, de les piéger avec les mots par le miracle de l'écriture.

Je dédie cet ouvrage à ceux qui ont connu un retour après une longue absence et à tous ceux qui tout simplement aiment Martel.

"Entre les images de la mémoire et l'image du présent, quelle différence vais-je trouver ?"

Philippe LABRO
dans : Rendez-vous au Colorado.

Atteindre la porte du wagon avant que le train s'arrête ! Depuis Brive, les arrêts sont courts dans les petites gares. Crainte de ne pas savoir ouvrir la porte. Les compartiments sont presque vides, aucune aide ne sera possible, personne ne peut me voir si je suis en difficulté, si je mets trop de temps, peur que le train reparte en m'emportant…

La gare ! Le quai. Premiers pas mal assurés après la longue immobilité du voyage. Éblouissement, excès de lumière, mirages. Aucune ombre. Venue du ciel et de l'asphalte, la chaleur est torride. C'est la chaleur d'ici : sèche, saisissante, pur soleil. Dans la lumière qui tremble, premier regard vers le Puy d'Issolud, la colline des gaulois, accroupie parallèle, au large, derrière la gare.

J'ai entendu les cigales dès l'arrêt du train. Je les guettais, je les attendais. À cette heure de l'après-midi, leur cri est strident, régulier, plein d'allégresse, au paroxysme. Il est dans l'air brûlant, dans la lumière, jusqu'à saturation. C'est le chant de l'été ici.

Avant de partir pour ce voyage, je me disais : je guetterai la première vigne, le premier chant de cigale…J'ai repéré une vigne aussitôt passé Châteauroux. À partir d'où après la Loire pouvait-on entendre les cigales ? Même si elles sont toutes proches dans les platanes des gares, on ne les entend pas de l'intérieur des trains fermés sur leur climatisation.

Ici, sur ce quai, leur chant et la chaleur m'ont saisie : l'été est sur moi.

Quelques voyageurs sont descendus, attendus ou non. Personne n'a l'air pressé. Je ne connais ni ceux qui arrivent, ni ceux qui les attendaient.

Ils m'ont regardée comme on regarde une étrangère, en se disant

sans doute : "qui c'est ?". Les vrais touristes, souvent des couples, sont en voiture. Ceux qui arrivent par le train, l'été, avec des bagages, vont chez quelqu'un. Chez qui ?
Où ? disent les yeux...

Je suis pourtant en pays connu, à reconnaître après tant d'années. Autrefois, venant de l'E.P.S[1] de Saint-Céré, j'arrivais ici à cette gare pour les vacances scolaires, en fin de trimestre. C'était pour la Toussaint, avant Noël, avant Pâques ou pour les grandes vacances. J'ai eu treize, quatorze, quinze ans... J'étais la seule pensionnaire qui descendait là. En sortant de la gare, je m'arrêtais, comme quelqu'un qui attendrait... Je n'attendais personne ; je réfléchissais. Je ne savais pas où aller. Non pas que je n'aie un endroit où aller, mais parce qu'il y en avait deux.

Je n'avais plus mes parents. Ma mère est morte à ma naissance et mon père quand j'avais onze ans. Alors, aux vacances, j'allais ou bien chez mon grand-père maternel, ou chez tante Marguerite, sœur aînée de mon père, mais ils n'habitaient pas au même endroit, ni dans la même direction. Personne ne m'ayant dit où je devais aller, c'était moi qui décidais, selon la saison, le temps qu'il allait faire, selon mon goût pour les occupations possibles à l'un ou l'autre endroit, les rencontres supposées... Une fois sortie de la gare, je ne pouvais plus hésiter, il fallait avoir choisi : prendre vers la droite la petite route de la vallée avant la longue grimpée jusqu'au village du grand-père, ou bien, suivre en face la nationale qui serpente et monte vers Martel chez tante Marguerite. J'aimais surtout, quand je n'étais pas trop chargée et si j'avais décidé d'aller à Martel, rejoindre le sentier pierreux d'un raccourci, là-haut sous les rochers, plus haut que les maisons et le clocher de Saint-Denis, sur l'autre versant de la vallée, face au Puy d'Issolud. Je décidais même parfois d'aller à Martel à cause du petit sentier sauvage.

---

[1] École Primaire Supérieure : équivalent du C.E.S actuel.

Quelle que soit ma destination, il me fallait, j'avais besoin d'un temps de marche, seule, hors d'atteinte, hors de surveillance, temps suspendu, échappé, chipé, gardé pour moi.

Aujourd'hui, je sais où aller, mais c'est dans une demeure où je ne suis jamais venue, qui ne m'appartient pas, où je ne retrouverai personne qui me soit proche. Le grand-père est mort depuis bien longtemps et sa trop petite maison, carrée comme un pigeonnier, a été vendue au fermier voisin qui l'a peut-être démolie puisqu'elle était dans sa cour... Tante Marguerite est morte aussi, depuis moins longtemps que le grand-père, mais depuis trop longtemps et sa maison qui était celle de la famille est passée à une autre branche. Pas à moi. J'étais absente. Absente vraiment. Prise totalement dans une autre vie où nous étions une autre famille. Une famille autre. Et je suis là aujourd'hui. Sans terre et sans maison. Donc, libre d'aller...

Au printemps dernier, j'ai retenu une location de vacances dans Martel. Nous avions au printemps dernier, retenu une location de vacances.

J'imaginais Jacques assis dans un jardin - il y aurait un jardin - avec ses journaux et ses livres, se déplaçant avec l'ombre, respirant l'air de chez moi. Marcher dans la ville avec lui, le matin ou bien vers le soir, aux heures plus fraîches, quand la lumière est la plus belle. Qu'on le connaisse, que l'on me voie heureuse près de lui, moi que l'on désignait souvent par "cette pauvre petite..." Et puis, lui faire connaître les endroits où j'avais vécu enfant, raconter des choses peut-être encore jamais dites, non pas cachées, mais oubliées, hors présent et qui allaient revenir dans ma mémoire en parcourant les lieux.

Jacques est mort au mois de mai.

J'aurais certainement annulé une location de vacances faite ailleurs. Ici, je suis venue. Parce que c'est Martel. Je n'ai pas de terre, pas de maison, mais je suis de ce pays. Réveillée ou en dormant, je n'ai jamais cessé d'y penser. Jacques est mort. Je suis venue quand même. Je ne sais pas pourquoi.

Me voilà seule devant cette gare, comme la pensionnaire d'autrefois.

Pas question de partir à pied aujourd'hui. Ici comme ailleurs, il ne doit plus y avoir de place pour les piétons sur le bord des routes, mes bagages sont plus lourds, plus encombrants que le sac à linge et le cartable de la pensionnaire et je ne suis plus capable d'aller si loin à pied en pleine chaleur. Nous sommes au premier jour de septembre, il n'est guère plus de quinze heures, mais ce n'est pas l'heure du soleil : nous allons à notre heure inventée et lui garde la sienne ; il est encore à la verticale.

La gare est maintenant déserte. Seulement, le soleil, les cigales et... le chef de gare.

- Vous attendez quelqu'un ?
- Non. Y a-t-il un autobus qui monte vers Martel ? (Ici, on indique presque toujours le sens de la pente des routes que l'on va prendre : on monte à Martel d'où on descend, à Saint-Denis. J'avais spontanément retrouvé l'expression).
- Pas avant ce soir ma pauvre dame. Vous auriez le temps de vous embêter et d'avoir soif. Vous venez en vacances ? Vous allez chez quelqu'un ?

On ne peut pas venir vous chercher ? Vous voulez que je "vous" appelle un taxi ?

S'il avait eu le temps entre deux trains et puis entre les suivants, j'aurais pu ainsi, d'un train à l'autre, lui raconter toute ma vie. Étonnant. Mes habitudes citadines et normandes m'avaient fait oublier cette bienveillance naturelle des gens d'ici. Surprise en pleine solitude, angoissée peut-être à l'idée d'un endroit inconnu où vivre seule le soir même sans Jacques et loin de mes fils, cette attention inattendue, pas obligée, me mettait au bord des larmes.

Un taxi ! Je n'avais pas pensé qu'il pouvait y avoir un taxi à Martel. J'avais dû y vivre au moyen-âge...

Et le chef de gare a appelé le taxi.
- Dès qu'il peut il descend vous chercher.
Je n'étais pas perdue comme dans ces rêves souvent revenus où je passe dans la ville, souvent même au-dessus comme si je planais, sans jamais rencontrer personne et peut-être pour éviter de rencontrer quelqu'un... Aujourd'hui, j'arrive dans le paysage. Réellement. Mais pour un temps de vacances que je ne m'étais pas préparée à prendre seule.

L'homme du taxi n'était pas bavard, pas curieux, il ne devait pas être du pays. Moi qui suis du pays, je l'aurais bien questionné, mais trop de questions se pressaient et j'étais toute prise à regarder, entrer dans le paysage oublié. Je ne savais plus que cette route montait si fort et si longuement, avec tant de virages. Je me souvenais l'avoir montée un jour d'été, sur une bicyclette empruntée, sans mettre le pied à terre - et pourtant sans témoins - , seulement un serpent qui avait tranquillement traversé devant ma roue. Sur les bords de la route aujourd'hui, les arbres, les taillis sont plus touffus qu'autrefois, ils ont pris de la vigueur, de l'épaisseur, ils sont devenus adultes. Ils devaient être encore dans l'enfance quand je les avais connus.

Nous passons devant une maison qui paraît inhabitée, abandonnée peut-être ? Une maison quercynoise, déjà au-dessus de la vallée, face au Puy d'Issolud... un pigeonnier, des pierres ocres, la pleine lumière sur elle, tranquille, solitaire, bien qu'elle soit au bord de la route. C'est son air.

Des arbres à nouveau, d'autres taillis, après le désert blanc du parking de la gare, toute cette verdure me surprend, mais elle m'enlève une fatigue, de mes yeux, de mes épaules. Je respire léger. Dans cette douceur verte, mes yeux s'ouvrent grands.

Je suis surprise, parce que j'étais en attente d'un paysage passé souvent dans ma mémoire, un paysage plus minéral, gris léger, à peine brun, blanc, un peu vert, lumineux au premier soleil sur les murettes de pierres sèches qui prennent la tiédeur et la redonnent à qui les frôle ; les rapiettes le savent.

Aujourd'hui, à l'instant, l'abondance, la densité des feuillages est si inattendue que ce paysage ne m'est pas familier, je ne le reconnais pas.

La pente est déjà plus douce, la route moins sinueuse atteint un semblant de plateau. Maintenant, je reconnais mieux les lieux plus proches de Martel, leurs noms me reviennent : "les Landes", ses terres cultivées, ses noyers, les fermes et les maisons disséminées au bord d'une petite route qui rejoint les bois de Barbaroux... Le chemin de la Siguigne, pierreux, fleuri, buissonneux, embaumé, habité par les oiseaux. Je le prenais au matin, l'été, pour aller chercher le lait dans une ferme des Landes... Le "Rocher coupé" aux claires entailles obliques... La route de Loupchat qui monte, redescend et remonte rejoindre le village de ce nom et ensuite les bois. Cette route m'emmenait, partant de Martel, jusqu'au hameau de mon grand-père où j'arrivais alors par le haut de la colline, dans la dernière pente du causse, au-dessus d'une verte vallée.

Après le "Rocher coupé", arrivés à cet endroit si vite atteint en voiture - j'étais toujours passée par là à pied - je sais qu'on tourne définitivement le dos au Puy d'Issolud, à la vallée de Saint-Denis restée en creux dans du bleu. Après une dernière courbe, on part presque en ligne droite vers le paysage moins vert, plus large, plus clair, sur une route plate, presque sans arbres.
Ce paysage était dans ma mémoire, je le reconnais.

Tout au bout de la route, presque à l'horizon : Martel.

Le clocher, les tours, les maisons, les toits...Je n'ai jamais raté cette première vision de Martel, ce point pour la découverte, le premier regard quand on revient et quelles que soient les circonstances et la couleur du temps, j'ai ressenti chaque fois une émotion, toujours la même et toujours neuve.

De cette route de Saint-Denis, Martel paraît avoir été bâtie dans un léger creux d'où l'église se dresse de ce côté de la ville, son chevet devant le clocher dominant, son étendue, sa longueur gommée. Les toits montent vers le haut de la ville.

Déjà les premières maisons, quelques unes nouvelles. Je n'ai pas eu le temps de voir, de regarder sur la droite, si le pré de "la Cuvette" est toujours en son creux originel. La forte pente de la rue du Cap de Ville…

Tante Marguerite demeurait là dans une maison basse… j'ai à peine aperçu la maison, nous sommes passés trop vite, je l'ai à peine reconnue, elle doit avoir quelque chose de changé. Il me semble bien que les volets étaient ouverts…

Il y a donc quelqu'un qui l'habite ! Qui ? Angoisse. Celle d'autrefois réveillée ?

Quand j'étais petite, bien avant la mort de mon père, je ne passais jamais par là quand tante Marguerite pouvait y être : j'avais peur d'elle.

À la mort de ma mère, elle avait quitté son emploi à Paris où elle était bonne à tout faire pour venir s'occuper de moi et elle m'avait gardée chez elle, au Cap de Ville, dans sa maison. Tante Marguerite était célibataire. Mon père s'est marié avec Antoinette lorsque j'ai eu trois ans et il m'a reprise chez lui, un peu plus bas après le carrefour de l'hospice, dans la première maison de la rue Porte Pinche où j'étais née.

La brouille entre tante Marguerite et mon père a été immédiate et définitive. Elle n'approuvait pas son choix pour ce remariage et il m'enlevait de chez elle…! Elle est repartie pour Paris d'où elle ne revenait qu'au mois d'août et quelques jours à la Toussaint. Elle cherchait à me voir, me rencontrer quand j'étais seule. Plusieurs fois, elle m'avait trouvée, attrapée, embrassée en me serrant très fort, alors que je me débattais pour lui échapper… elle essayait de me parler, mais Marguerite bégayait terriblement dès qu'elle était émue. Elle voulait que je lui réponde, croyant m'avoir dit quelque chose d'intelligible et elle me secouait comme si elle était en colère. De toute façon, je ne l'écoutais pas ; j'étais affolée, terrorisée, on m'avait dit que si je la rencontrais, il ne fallait pas la regarder, pas lui parler, pas lui répondre... je ne savais plus qui elle était, je ne me souvenais pas d'elle et son comportement était si violent que je la croyais méchante.

Ce n'est plus tante Marguerite qui demeure dans la maison du Cap de Ville. On m'avait écrit, il y a de cela des années pour m'apprendre sa mort.

À qui appartient cette maison ? Qui l'habite ? Une sœur plus jeune, celle de Paris qui avait toujours veillé sur elle ? Une cousine ? Des cousins plus ou moins éloignés ?

Je ne sais pas imaginer la présence de quelqu'un d'autre que tante Marguerite dans cette maison...

Après la mort de mon père, j'ai dû venir souvent chez tante Marguerite. Elle était parfois dure, parfois enfantine, impulsive et vive en paroles malgré son bégaiement, mais elle m'aimait toujours autant et ça me gênait encore.

Nous avons dépassé le carrefour de l'hospice au bas du Cap de Ville et la maison où je suis née. Au long de cette rue Porte Pinche, presque tous les volets sont clos, les contrevents comme on dit ici : fermés à la forte chaleur de l'après-midi ? Ou bien, plus jamais ouverts pour cause d'absence, de mort, d'abandon ?

La place de la Rode, le monument aux Morts et sa grille blanche, la placette d'herbe devant le haut chevet de l'église, la courbe du Capitani...
À cet instant tout proche de l'arrivée, j'aurais voulu poursuivre le voyage dans la ville, la parcourir sans être vue - comme dans mes rêves - sans être reconnue, sans rencontrer personne. Je redoutais l'arrivée, "l'atterrissage". J'aurais voulu : la ville et moi, moi et la ville seulement, et même, ne plus arriver nulle part et me réveiller chez moi, dans l'appartement de Rouen.

La voiture quittait le Capitani, prenait la direction de la gare, tournait ensuite vers la droite et se dirigeait vers l'entrée de la route de Creysse.

- Vous voilà arrivée a dit l'homme du taxi. C'était là. Chez mademoiselle De.

***

En repartant, le taxi m'a laissée dans un vide, un manque, une sorte d'apesanteur intérieure… l'impression d'avoir été plantée là sans l'avoir voulu, sans savoir ce que je venais y faire et que je n'aurais peut-être pas dû y venir.
Absence de bruits. Je veux dire, les bruits habituels que j'ai quittés, ceux de la ville et ceux du voyage. C'est finalement reposant, comme l'entrée dans un sous-bois, mais préoccupant tant que je n'ai pas encore vu arriver quelqu'un après avoir sonné. J'ai essayé de deviner le regard des fenêtres et laquelle allait être la mienne. Ce pavillon en L est d'aspect agréable. Je me souviens de l'avoir vu autrefois, sans savoir qui l'habitait. Un petit jardin fleuri, pas tout à fait domestiqué le sépare de la rue.
Il fait moins chaud, le soleil s'en va tomber vers l'ouest, de l'autre côté de la maison. Déjà gagné par l'ombre de fin d'après-midi, le petit jardin gentiment sauvage se réveille. Maintenant, je perçois les bruits et il me semble les reconnaître… des cigales chantent, moins folles que celles de Saint-Denis, parce qu'il est plus tard et aussi parce qu'elles sont plus loin, dans des noyers sans doute, quelque part sur les terres du bord de ville. Tout près, un oiseau invisible agite les feuilles d'un arbrisseau, semble jouer, vouloir attirer l'attention, une voix d'enfant dans un jardin proche, chantante, jolie, portée haut et loin. Des voix de femmes qui se répondent… autrefois, on parlait patois au-dessus des jardins. Elles sont trop éloignées pour que je capte les mots ; l'air, l'air chantonné seulement : l'accent. L'accent d'ici.
Notes d'un grillon dans l'herbe sous un rosier… un autre veut commencer. Je n'en avais plus entendu depuis longtemps… une horloge égrène des coups que j'ai oubliés de compter. J'ai reconnu

le son de l'horloge de la mairie. Ce soir, à l'heure de l'Angélus, j'entendrai sûrement les cloches de l'église...

C'est une soirée de beau temps, quand l'été s'éloigne et que les ombres de fin d'après-midi surprennent. Sont là.

À cet instant, j'ai été déprise, oublieuse de ma vie présente, comme si j'avais passé la journée ici. Et celles d'avant.

Mon mari, mes fils, étaient-ils souvenir...? devenir...? cigales, oiseau, grillons, voix d'enfant, voix de femmes, l'horloge... J'avais déjà vécu cette symphonie du soir, avec la même mélancolie qu'aujourd'hui mais sans trop savoir pourquoi alors, à des heures où j'imaginais sans doute l'avenir en appelant un bonheur possible sans savoir ce qu'il serait. C'était ailleurs.

Les bruits étaient semblables, mais, là devant cette porte, je ne suis pas dans mes marques. Le jardin, cette maison, me sont inconnus. C'est la porte de mademoiselle De. Chez qui je ne suis jamais venue.

Je suis née de l'autre côté de la ville.

J'avais connu quand j'étais enfant, deux demoiselles qui portaient le même nom. Elles étaient cousines. Elles portaient aussi un chapeau parce qu'elles étaient des "dames" de familles desquelles en ce temps-là, personne ne sortait jamais tête nue. L'une grande et blonde dans mon souvenir, demeurait assez loin de Martel, dans un château sans doute. Elle venait chanter à l'église aux jours de fêtes solennelles. Sa voix s'élevait, je ne savais jamais d'où, elle emplissait la nef et je levais les yeux vers la voûte, je la cherchais comme j'aurais cherché un oiseau égaré. Elle ne chantait pas un cantique habituel, je n'en comprenais pas les paroles, je ne percevais que les sons tantôt légers, aigus, tantôt forts, vibrants, tantôt murmure, tantôt vent d'orage. Cette voix surnaturelle me paraissait être en ce lieu un mystère de plus et j'aimais ce mystère accordé à la solennité des fêtes.

L'autre demoiselle, que je revois grande et brune, demeurait dans une belle maison de Martel. Elle ne chantait pas. En tout cas, pas à l'église.

Quand, j'ai raconté à la petite dame qui était là devant moi - un peu en dessous, j'avais presque une tête de plus qu'elle - que je me souvenais d'elles deux, elle m'a dit très vite : "c'était moi qui chantais".

Elle paraissait heureuse que j'aie gardé cette image d'elle. Soudain, je n'étais plus la vacancière anonyme et qui le resterait. J'étais de ce pays. Et du pays d'antan.

Parce que j'étais plus grande qu'elle, il m'a semblé qu'il y avait un "couac" dans l'ordre ancien du monde. J'ai failli lui faire des excuses et je la regardais comme si je pouvais retrouver l'image d'autrefois : la revoir grande et blonde quand moi j'étais petite.

La regarder, la dévisager avec tant d'insistance, ça ne se fait pas non plus. Mais il me semblait la connaître, la reconnaître. Pourtant, je ne l'avais jamais vue que de loin, lorsque, enfin descendue de quelque piédestal, on la félicitait à la sortie de l'office, sous le porche de l'église. L'image que j'avais eue d'elle était donc très floue... pourquoi ce visage, aujourd'hui me paraissait-il presque familier ? J'ai enfin trouvé quand elle m'a dit d'une voix grave, un peu sévère, académique : "c'est cela votre signature ?" tandis que je lui remettais mon chèque pour la location. Elle ressemblait à Marguerite Yourcenar vue sur une photo dans un magazine.

Aussitôt et définitivement, Jacques l'aurait baptisée Marguerite. J'ai eu cette tentation, mais sans pouvoir le dire à quelqu'un, ce n'était plus drôle et puis, moi je ne pouvais pas la nommer ainsi, à cause de la mienne Marguerite, l'humble petite tante du Cap de Ville.

Parce que j'étais arrivée par Saint-Denis comme au temps de la pension, je pensais à elle. C'était étrange, anormal, d'être

passée tout à l'heure devant sa maison sans m'y arrêter, sans que cette maison soit le terme de mon voyage...
Il me semblait lui avoir fait une infidélité, comme si elle était toujours vivante et que je l'aie dédaignée. De longues années s'étaient écoulées sans que je la voie, mais je n'étais pas venue à Martel, je n'étais pas passée devant sa porte comme aujourd'hui.
Ma place aurait dû être là-bas.
Mais je savais bien que je m'étais exclue toute seule de la famille. On ne m'avait pas chassée. J'étais partie alors que j'étais encore mineure. Difficile de renouer à l'âge adulte. Reste une distance, une froideur, une cassure et même une crainte.
Quand nous avions retenu cette location de vacances, je savais dans quel quartier était située la maison de mademoiselle De et j'avais pensé que c'était bien qu'elle soit aux antipodes du Cap de Ville au cas où... la famille...
Si Jacques avait été là, je n'aurais pas eu ces pensées de regrets, de dépaysement. Là où il était, je me trouvais bien. Mon identité était unie à la sienne. Fondue. Nous étions "nous". Sans contrainte, sans perdre notre personnalité.
Sans lui, je retrouve ici les pas de solitude et... des cicatrices.

C'est quand mademoiselle De m'a quittée après moult recommandations au sujet d'objets, fragiles parce qu'ayant déjà servi ou bricolés pour servir encore, c'est quand je me suis retrouvée seule dans l'appartement inconnu, que j'ai eu l'impression, à nouveau et plus fort d'avoir fait une folie en venant ici. Quelle idée d'aller en vacances toute seule ! Qu'est ce que je fais là, loin de mes fils, dans une maison étrangère ? Et j'allais rester quinze jours ?
Je devais rester.
Immédiatement, je me suis raccrochée aux réalités solides, concrètes, à la curiosité pour les choses matérielles, palpables...
curiosité qui tantôt défaut, tantôt qualité m'avait souvent aidée à

me redresser, à aller un peu plus loin. Curiosité que j'aurai aussi devant la mort. La mienne. Celle de l'autre est absence et interrogation.

Exploration des lieux. Comme s'ils devaient m'appartenir. Petits bonheurs immédiats : en ouvrant les placards, les tiroirs, l'armoire, en posant mes mains sur le bois ciré des meubles de la chambre.

L'appartement, tout entier en rez-de-jardin est indépendant. Mademoiselle De habite l'autre partie du L, surélevée de quelques marches par rapport à celle-ci. Elle m'a dit vivre avec Louise sa gouvernante, sa "bonne Louise" depuis près de trente ans.

La chambre s'ouvre vers la rue - début de route plutôt - par une large fenêtre donnant sur le petit jardin, fenêtre que j'aurais immédiatement retenue si on m'avait donné le choix. À l'opposé de la chambre, la cuisine donne sur le jardin potager et ses arbres fruitiers. Depuis le devant de la maison, on doit pouvoir y aller en passant sur le côté, mais... mademoiselle De a dit qu'il ne fallait pas... elle se réservait le jardin potager. Je pouvais profiter du petit jardin fleuri devant la maison, tant que je voudrais.

Pouvoir profiter d'un petit jardin fleuri quand on vit toute l'année au onzième étage d'une tour...! Merci mademoiselle De !

Tout de même, je crois bien que Jacques y serait allé vers le jardin défendu ; au moins jusqu'au bord. J'aurais entendu... écouté son pas résonner contre la maison...

Le ciel est clair, sans nuages. Demain, il fera beau temps encore et peut-être aussi pendant les autres jours à vivre ici.

La chambre est à l'est – au levant – j'aurai la première lumière du matin. Gagnée par l'ombre, la pièce a déjà son air du soir. Elle donne envie de s'y poser, s'y reposer, dans son ordre paisible fait pour accueillir. Sans même faire un repas. En finir avec la fatigue, avec les angoisses de ce jour... et demain, se réveiller... neuve. Et affamée.

Dans cette maison inconnue, j'oublie que Martel dont j'ai si souvent rêvé, est là, juste avant ce quartier de jardins. Il suffira de sortir du pavillon, remonter au long des rues pour avoir la ville sous mes pas et les souvenirs dans ma tête.

Je suis retournée dans la cuisine. Parce qu'elle a encore du soleil. J'ai ouvert toute grande la fenêtre parce que je sais que les jardins sentent bon vers le soir. Et aussi, parce que cette cuisine m'attire : vaste, rustique, provinciale... elle est restée de l'époque à laquelle j'ai quitté Martel et c'est un peu comme si je la reconnaissais.

Tout en laissant des coins ombreux, encore secrets, le soleil passe sur l'émail des casseroles suspendues, éclaire des faïences, révèle la patine des bois, une usure douce, sans laideur, seulement marquée par l'usage et le temps.

J'aurais aimé savoir, qui avait touché, utilisé, usé, vécu avec et puis, quitté tous ces objets. Qui avait mangé à la table au centre de la pièce, une table avec un tiroir où sont rangés les couverts, comme chez tante Marguerite.

À l'heure du repas, je vais avoir le choix entre les quatre côtés de la table. Je me mettrai face au jardin, pour avoir la présence des arbres. Leur compagnie.

Chacun avait autrefois sa place habituelle à table ; elle ne changeait jamais. Tante Marguerite tournait le dos à la cheminée, mais elle était ainsi assise au plus près pour surveiller le fricot qui attendait sur les braises. La cheminée ! Je sentais qu'il manquait quelque chose... il y avait comme une absence dans cette cuisine presque d'autrefois. La cheminée, l'indispensable cheminée. Tante Marguerite disait parfois, surtout vers le soir : "comme le feu m'a manqué à Paris !"

S'il y avait une cheminée, saurais-je encore faire un feu, un feu avec une belle flamme à regarder, une flamme qui dure ? Aurais-je osé l'allumer ?

Il me semble que j'aurais eu peur, peur du feu... Je ne connais plus que la petite flamme fugace et fluette de l'allumette.

- "Toc toc" : la porte d'entrée ouvre directement sur la cuisine. Il y a une clé, mais je pensais ne fermer la porte qu'à la nuit. Avant même que j'aie dit "entrez", Louise était là. J'ai su tout de suite que c'était Louise.

- Je viens vous voir.

Bien sûr qu'elle venait me voir, me regarder même et attentivement. J'étais une variante, une distraction, pendant quinze jours dans sa vie habituelle. J'étais peut-être la bienvenue. La demoiselle - c'était ainsi que Louise la désignait - avait dû lui dire que j'étais très fréquentable, plutôt aimable, assez polie et originaire de Martel.

Alors que la demoiselle a des cheveux gris bleutés, une coiffure de chez la coiffeuse, des vêtements d'été contemporains et clairs, Louise, sensiblement plus âgée, a un chignon à l'ancienne et des vêtements jusqu'à la cheville. Ils sont de couleur noire, couleur prise et gardée dès son premier deuil et elle me dit par la suite en avoir vécu plusieurs.

Louise était comme la cuisine, de l'époque connue à mon dernier séjour à Martel. Sans lui ressembler tout à fait, elle me rappelait tante Marguerite. Je l'ai regardée attentivement moi aussi.

- Si vous avez besoin de quelque chose, vous "me" le dites.

C'était par la "gouvernante", l'adoption certaine.

- Si le chat vient vous voir, vous le mettez dehors !

Là, c'était un ordre.

Un moment après le départ de Louise, il est venu le chat. Côté potager, sur le rebord de la fenêtre. Un peu méfiant, me voyant étrangère en ce lieu où il avait peut-être connu quelqu'un d'autre, il a observé tous mes gestes. Je n'ai pas avancé la main vers lui pour le caresser. C'était trop tôt. Crainte de le voir partir et qu'il ne revienne plus... je voulais qu'il reste là, même s'il ne rentrait pas.

Il est rentré. J'ai pu lui parler ; c'était quelqu'un et j'étais aussi une nouveauté dans sa vie de chat.

Tous les habitants de cette demeure s'étant présentés, je pouvais sortir, je pouvais aller reconnaître la ville et il fallait faire des provisions.

Le blues de l'avant-soir était passé, une étrange impatience me prenait à l'idée d'aller dans Martel, tout de suite, d'avoir Martel à portée de pas.

Comme on le fait en ville, en partant, j'ai fermé la porte à clé et... je suis restée la clé à la main. Je n'osais pas emporter cette clé qui ne m'appartenait pas. La grande clé de la maison de mes grands-parents n'avait sans doute jamais été en d'autres mains que les leurs. Ils fermaient à clé la porte, seulement lorsqu'ils allaient loin, mais ils ne l'emportaient pas. Ils la glissaient dans la partie extérieure de l'évier en pierre où ils ne jetaient jamais d'eau. Tante Marguerite n'emportait pas la sienne non plus ; elle fermait la porte à clé, mais de l'intérieur, elle passait par le jardin et allait sortir par le hangar qui donnait sur la rue, après avoir posé la clé sous un vieux récipient.

J'ai trouvé une place pour la clé dans le bric-à-brac d'une sorte de remise sur laquelle s'ouvre la porte de la cuisine. Je l'ai posée. Pas cachée, posée.

La remise, peut-être ancien garage, s'ouvre sur le petit jardin par une large porte à double battant. Le jardin, la grille, isolent de la rue. À mon arrivée, - il me semblait que beaucoup de temps s'était écoulé depuis - pressée et préoccupée à l'idée de faire connaissance avec la propriétaire, face à la porte qu'on allait m'ouvrir, je n'avais pas vraiment regardé le quartier. Peut-être parce que je le connaissais et que je l'avais reconnu au premier coup d'œil en descendant du taxi. Maintenant, en sortant, il était là de face : au loin, la gare et puis l'espace des jardins qui revient en bordure de la voie ferrée jusqu'à la maison de la garde-barrière toute proche car la voie coupe la route de Creysse.

Passée la voie, un petit chemin parallèle mène à l'ancien lavoir autrefois très fréquenté. Le chemin est tranquille, la campagne commence là. Je me souviens comme on entendait de loin, les bruits des voix et des clapotements dans l'eau. Un train de passage semblait les emporter, mais ils renaissaient tandis que le train s'éloignait.

Je sais qu'il n'y a plus de train sur cette ligne. Plus de barrière rouge et blanche, dressée ou abaissée selon l'heure, mais la maisonnette est habitée, la voix d'enfant entendue à mon arrivée venait de son jardin.

"La maisonnette". J'ai toujours entendu appeler ainsi la maison des garde-barrières. Avenantes, proprettes malgré les fumées, confortables pour l'époque, les maisonnettes me paraissaient être idéales, de vrais modèles avec leur jardinet bien cultivé, leurs fleurs sous les fenêtres, le puits et son petit toit pour le protéger et la manivelle où s'enroulait la chaîne pour remonter le seau… plus, des accessoires bien à elles : le drapeau rouge roulé soigneusement mais toujours à portée, la lanterne bien astiquée… enfin, l'odeur de train et l'air tranquille de la maisonnette pourtant ancrée au bord des voyages.

***

Je vais donc en ville. Tous ceux qui demeurent dans le bas de la ville et au delà disent ainsi lorsqu'ils vont au centre, au cœur, dans le haut de la ville où se trouvent la mairie, la halle, les principaux commerces. L'église est plus bas, un peu hors du centre, mais les rues qui descendent du haut de la ville convergent vers elle et de tous les horizons on la voit, église et forteresse, dominante et protectrice, veillante.

Je vais aller au plus court ce soir, en ligne droite. Demain, j'explorerai, j'irai regarder la ville jusque dans mon "vrai" quartier. J'irai au bas du Cap de Ville guetter si quelqu'un en descend que je pourrais connaître… Demain ; quand j'aurai dormi une nuit ici, quand j'aurai réalisé que je me réveille à Martel. Demain, je "reprendrai" la ville. Ce soir, je ne peux pas.

Je monte par la rue Sainte-Anne. Première rencontre : toujours à la même place, elle pourrait me reconnaître, elle, la Vierge du Pourtanel. J'ai retrouvé son nom tout de suite… la toute petite vierge blanche, un peu pataude dans ses habits raides, ses traits imprécis, quelque peu ingrats. Autrefois, je l'aurais voulue plus jolie ; aujourd'hui, ce soir, je la trouve touchante dans sa simplicité, son éternelle attente. Depuis des générations, elle veille dans sa niche vitrée toujours fleurie. Je regrette à cet instant de ne pas connaître son histoire martelaise, mais… elle est là. Comme avant.

Le grand mur de l'école Sainte-Anne… Un ballon pourrait-il passer par-dessus, venir rouler dans la rue, exprès ou par hasard ? Je sais. Je connais : de l'autre côté de ce mur, il y'a la cour de récréation de l'école. Il y avait : les arbres, le jeu de croquet des beaux jours, aux heures des récréations prolongées pour les pensionnaires, la cloche contre la classe, les petits dortoirs aux lits blancs, le réfectoire, la chapelle, l'immense jardin.

C'était l'époque où les religieuses avaient dû pour enseigner, renoncer à porter l'habit. On les appelait "mademoiselle", on savait leur vrai nom, on voyait leurs chevelures modestement coiffées en chignon ; elles étaient vêtues de couleurs sombres à l'exception de deux jeunes maîtresses qui n'étaient pas religieuses.

Un jour, mon père m'a enlevée de l'école laïque pour me mettre à Sainte-Anne. J'étais externe, mais aussitôt après sa mort, le 2 mars 1937, je suis devenue pensionnaire pour terminer l'année scolaire. C'était l'année du certificat d'études et de la communion solennelle et puis, on voulait me séparer tout de suite d'Antoinette.

La nouveauté de cette vie à Sainte-Anne, son rythme, ma curiosité, l'affection, l'attention des maîtresses, m'ont fait un peu oublier le chagrin des absences, celui de la rupture imposée avec mon ancienne vie et la peur des rencontres désormais obligées avec la famille de mon père venue vers moi dès sa mort. Il me semblait que mon père n'aurait pas aimé ça… leur présence me mettait mal à l'aise, comme lorsque tante Marguerite essayait de m'attraper dans la rue.

J'étais sûrement bien à Sainte-Anne, je m'y plaisais, puisque je n'ai jamais tenté de me sauver. D'ailleurs, me sauver pour aller où ? Il n'y avait plus personne dans la maison de la rue Porte Pinche, Antoinette avait dû la quitter aussi.

Pour s'occuper de moi désormais, il y avait, mes grands-parents maternels, tante Marguerite, l'oncle et la tante de Paris - tante Anna, plus jeune sœur de mon père et de tante Marguerite était ma marraine. C'était ma mère qui l'avait choisie au temps où ils n'étaient pas encore fâchés.

Je découvrais que j'avais une bien grande famille, surtout lorsqu'ils étaient tous assis devant le notaire et moi avec eux. Je découvrais aussi qu'Antoinette n'en faisait pas partie.

J'avais appris des mots nouveaux, savants, que les autres filles de l'école ne connaissaient pas : la tutelle, c'était personne - le tuteur, c'était mon grand-père - subrogé-tuteur, c'était l'oncle. Moi, j'étais la mineure. Tante Anna et tante Marguerite, quoique sans titres, décidaient de tout.

Elles m'avaient acheté, j'avais à Sainte-Anne, bien rangé dans une malle, un trousseau. Tout était marqué d'un numéro tissé, cousu. On aurait pu se passer du numéro, car mes affaires étaient toutes reconnaissables, toutes en noir ou en noir et blanc, jusqu'aux mouchoirs bordés de noir ainsi que le papier à lettres et les enveloppes pour écrire à Paris.

Je n'avais jamais tant possédé bien que tout soit contenu dans une malle au lieu d'être éparpillé dans une maison. Tout était neuf ; je n'avais plus rien de mon ancienne vie. Que moi avec le dedans de ma tête.

J'appréciais ma première brosse à dents. À cause du dentifrice rose dans une petite boîte ronde en métal, qui devenait crémeux et sentait bon quand on le brossait longtemps.

Aux beaux jours, j'ai eu des vêtements plus gais : des petites fleurs ou des carreaux plus ou moins grands, ou des pois plus ou moins petits, tout cela, noir sur du blanc. Les tantes appelaient ça du demi-deuil.

Que l'on soit en deuil ou en demi-deuil, on n'a pas à être gaie quand on est orpheline et la couleur des habits aide bien à rappeler le malheur à soi et aux autres. Je quittais ces habits le soir et la nuit, dans mon petit lit d'enfant pensionnaire, la vie d'avant, parfois venait me chercher.

Orpheline ! Ce mot qui qualifiait désormais mon état, me différenciait des autres enfants, ce mot me faisait rire : je le trouvais frais, pimpant, guilleret, ses syllabes dansaient… je riais donc quand on me l'appliquait. Je riais… pas longtemps. Avant même les regards étonnés, je me souvenais du sens de ce mot.

Si le grand portail était ouvert un peu plus loin, je pourrais voir la chapelle, dans le jardin, en retrait de la rue. Il est fermé. Silence. Désert. Les vacances scolaires ne sont pas tout à fait finies. Quand le portail est fermé, de la rue, on ne peut pas voir la chapelle.

Je me souviens de la chapelle. De l'odeur de la chapelle, odeurs mêlées de cire, de fleurs, de l'encens du dernier salut…

Pendant les récréations, hors des prières faites en groupe, chaque petite fille pouvait s'y rendre librement. J'aimais y aller :

pour le Bon Dieu, invisible, mais, qui sait…? Pour l'odeur des saisons entrée avec les fleurs, pour la douceur de la lumière, le calme où s'apaisent les craintes du jour et les angoisses à venir… Après une glissade assise sur toute la longueur d'un banc bien astiqué, je pouvais rendue au bout, au plus fort de l'ombre, rester immobile longtemps, prise sous un dôme de bien-être, de confiance, en rupture avec le jour réel, engourdie, tranquille. En ressortant, la lumière, la vie du grand jardin, la gaieté d'une récréation, me raccordaient au présent sensible.

Quand j'habitais rue Porte Pinche, je revenais chez nous après onze heures et après quatre heures par le chemin de Sous les Murs qui borde la ville et vous conduit d'un bout à l'autre entre les jardins clos par les vieilles murailles et les terres en contre-bas.

Du pensionnat, on y accédait par une petite porte à l'extrémité du grand jardin, après avoir suivi une longue allée bordée de buis taillés en fauteuils piquants. Piquants pour les petites filles qui s'y jetaient pour les "essayer". Ils piquaient tous. Bien avant de fréquenter cette école, j'étais venue par cette allée au "mois de Sainte Anne". C'était chaque année au mois de juillet, après le repas du soir. Toutes les dames pieuses de la ville y venaient, comme elles étaient allées au "mois de Marie", à l'église au mois de mai. On y voyait beaucoup d'enfants ; c'était l'occasion pour une promenade du soir. On me confiait à mademoiselle Léonie notre voisine, sœur de l'ancien curé-doyen, donc, dame pieuse.

La chapelle restait grande ouverte sur le soir d'été. Les cris d'hirondelles vives passaient dans les prières. Les grillons du jardin chantaient. Il semblait que l'on soit au cœur d'une humanité enfin heureuse, accomplie, comblée.

J'avais aimé plus tard venir à cette école en plein jardin, tout en ayant un regret, une souffrance en pensant à l'autre école que j'abandonnais, un sentiment de trahison. Les anciennes camarades se moquaient de moi lorsque je les rencontrais ou me regardaient de travers, ou tournaient la tête, faisaient semblant de ne pas me voir. J'avais oublié qu'elles le faisaient aussi quand j'étais encore parmi elles. Heureusement, il y avait le chemin de Sous les Murs !

Il paraît que j'étais malheureuse à l'école laïque. Moi, je ne le savais pas.

Avant de partir à quatre heures, nous devions, toutes les élèves réunies, aller à la chapelle pour la grande prière du soir. Moi je préférais être seule avec Dieu et pensant que dans le nombre mon absence ne se remarquerait pas, je partais en courant dans le jardin, vers le chemin de Sous les Murs où je pouvais traîner plus longtemps.

Le jour où mon père est mort, j'avais fait ainsi "la prière buissonnière" et quelqu'un est venu l'annoncer à l'école à cette heure là en venant peut-être me chercher. J'étais déjà partie.

Il n'y avait personne à la maison lorsque j'y suis arrivée. Mon père n'est pas mort chez nous à Martel, mais à l'hôpital de Cahors où il avait été opéré. J'ai attendu contre la porte fermée à clé. Je pensais que j'aurais mieux fait de rester à la prière… Un tout petit garçon qui fréquentait la classe enfantine de Sainte-Anne, déjà arrivé là est venu me dire : "il est mort ton père".

J'ai su que c'était vrai ; à notre dernière visite, il était dans un lit étroit, amaigri, le teint jaune, à peine reconnaissable. Il avait tourné sa tête vers la porte en nous regardant partir Antoinette et moi et il avait pleuré. Je n'ai pas oublié le regard de ses yeux très bruns.

J'ai su que c'était arrivé, mais j'ai fait comme si je n'avais pas entendu, ou pas compris. J'ai fait de même quand des grandes personnes sont venues me chercher.

À Sainte-Anne, personne ne m'a reproché de m'être sauvée au lieu d'aller à la prière, mais il me semblait, que ma faute, ce manquement, cette désobéissance à cette heure grave, avait quelque chose à voir, avait une relation avec la mort de mon père.

Le portail est fermé. On dirait qu'il n'y a plus de pensionnat Sainte-Anne. Que les murs. Quoi qu'il en soit, comme tante Marguerite, comme tant d'autres, les demoiselles de Sainte-Anne ne sont plus de ce monde.

Je continue de monter dans la rue sans rencontrer personne, qu'un chien désœuvré qui ne m'a pas traitée en étrangère puisqu'il n'a pas aboyé.
Je l'ai appelé, comme si je venais de trouver enfin quelqu'un à qui parler sans que cela entraîne des conséquences. Il est venu vers moi, docile, amical. Il a les bons yeux des chiens de mon enfance, ceux qui me connaissaient. Il paraît être vieux. Il doit être philosophe ou bien trop fatigué : il a la flemme de faire la différence entre une indigène et une étrangère.

Personne. Y a-t-il des jardins de l'autre côté de ces maisons vers lesquels on vivrait plus facilement que vers la rue ? Est-ce que quelqu'un me regarde depuis la pénombre de l'intérieur et s'étonne que je m'arrête pour parler au chien ? Les touristes ne viennent pas jusque là d'habitude, la rue Sainte-Anne fait déjà figure de faubourg éloigné du cœur médiéval de la ville.

Autrefois aux beaux jours, on sortait des chaises devant les portes. Les femmes s'asseyaient là pendant les après-midis et tout en bavardant, elles travaillaient à leur ouvrage de l'été : tricoter pour l'hiver, "retourner" les draps, c'est à dire, défaire la couture que les draps avaient alors en leur milieu et refaire un long surjet réunissant les deux bords moins usés. On allait chercher une chaise supplémentaire pour la passante qui s'arrêtait.

Ce soir, quelques bruits de radios viennent des intérieurs, ou bien des échos de télévisions ; les feuilletons de l'été gardent les gens à l'abri et les chaises dans les cuisines. Tant pis. Quoi qu'il en soit, je connaissais mal les riverains de la rue Sainte-Anne puisque je passais le plus souvent par le chemin de Sous les Murs pour aller ou revenir de l'école et que, pendant l'année scolaire, on n'était pas encore à la saison des chaises dehors.

La rue Sainte-Anne, monte et s'arrête au Capitani. Le Capitani est une large artère presque entièrement bordée de maisons dont certaines sont grandes, d'aspect bourgeois. Suivant le tracé d'anciens remparts, le Capitani ceinture la ville de ce côté, jusqu'à l'église, jusqu'à la Rode.

J'ai dû attendre un certain temps avant de pouvoir traverser : les voitures nombreuses, la plupart étrangères au département, sont pressées parce que c'est la fin des vacances et celles du département vont, rapides sur leurs voies familières.

Dès que je suis enfin passée sur l'autre rive du Capitani, je retrouve un endroit que je connaissais bien : la boulangerie. C'est ici que l'on m'envoyait chercher le pain quand j'ai été assez grande, le plus souvent, une couronne. Je la portais en passant mon bras dedans et je mangeais en route "la pesée" de pain tendre, complément au poids de la couronne. L'été, les craquelures dorées au centre de la couronne, griffaient un peu la peau à l'intérieur du bras nu et le trajet était long jusqu'à la rue Porte Pinche, mais le pain était beau, il sentait bon. La boulangère était gentille ; j'aimais aller chercher le pain. C'était le pain. La mission avait de l'importance.

La boutique est maintenant une boulangerie-pâtisserie moderne semblable à celle des villes. Je prendrai le pain au retour.

C'est peut-être l'un des enfants de l'ancien boulanger qui a pris la suite mais ces enfants qui avaient mon âge ont aujourd'hui comme moi, l'âge de "se retirer" comme on dit ici.

Pour rejoindre le haut de la ville, je monte dans la rue étroite qui longe la boulangerie sur le côté. Le fournil est toujours à la même place. La porte est ouverte. Absent, effacé, évanoui, le boulanger poudré de blanc en tenue de travail, casquette, flanelle et pantalon, pieds nus dans ses savates, qui se reposait un instant enfin, les bras croisés, appuyé contre le montant de la porte, prêt à parler un peu à qui passait.

Ce n'est sans doute pas l'heure de la fournée, mais l'odeur du pain chaud est restée, reste, constante depuis des décennies. Cette odeur me donne faim, faim de nourritures d'ici. Il est indispensable d'aller faire des provisions.

Je pense au plaisir que je vais avoir à préparer le dîner - on dit ici le souper - dans la cuisine de mademoiselle De. La cuisine à l'ancienne, la cuisine à l'ouest, devant le jardin potager... et je marche un peu plus vite.

Où trouver un magasin d'alimentation ? Comme la boulangerie, ont-ils duré toujours à la même place ? Je vais aller vers celui qui était l'Épargne. S'il y a encore "le passage", j'y serai vite arrivée. Le magasin est de l'autre côté de la ville, mais un long couloir intérieur, depuis le fond de la boutique, traversait la réserve et allait s'ouvrir sur une ruelle, vers la mairie, la halle, les autres commerces. Passer dans ce couloir, c'était se dépayser, faire un voyage dans les odeurs de mondes peut-être lointains, en tout cas inconnus, d'où semblaient venir les marchandises entreposées : le café, les harengs en rosace dans leur baril, la morue séchée, des salaisons, un régime entier de bananes en train de mûrir, des sacs de jute qui gardaient leur secret, plus, tout ce qu'on ne voyait pas bien, rangé dans les coins obscurs. C'était un court voyage, rapide, car on n'osait pas s'arrêter, pas même ralentir le pas en passant parmi les marchandises. Vers la porte étroite, toujours ouverte pendant la journée, le couloir remontait un peu, paraissait sortir d'une caverne exotique, d'où, sans transition on rejoignait le cœur de la ville.

Arrivée dans la rue Droite - c'est son nom - je la suis pendant un moment et... j'oublie que je voulais aller à l'Épargne. Au bout de la rue, au bas de la rue, l'église est là. Je veux tout de suite la voir tout entière. Revoir, retrouver, reconnaître les hautes lignes du clocher dressé de ce côté, apparu peu à peu depuis son coq jusqu'à ses piliers au fur et à mesure que l'on descend dans la rue.

Pas seulement la regarder l'église. Je comprends, je sens que c'est là que je dois aller tout de suite. D'abord. Là que j'ai envie d'aller. En ce lieu qui n'a peut-être pas changé. Lieu de souvenir, du temps où la vie d'un enfant se déroulait entre l'école et l'église. Je sais que je vais y trouver, une densité d'émotion, les traces immatérielles de tant de passages… Peut-être, parce que l'église n'a pas changé extérieurement, elle me paraît être un repère. En pierres qui n'ont pas bougé, pas vieilli, qui ne peuvent mourir.

Je l'ai regardée comme on regarde un visage après une longue séparation. Avec inquiétude et tendresse. Elle n'a pas changé. Elle est toujours la même. Nous passons, nous partons, nous revenons, elle est là. Bien que terrestre et destructible, elle me dit la continuité et peut-être l'éternité.

À nouveau l'odeur de pain frais. Il y a une boulangerie rue Droite. Elle était là autrefois… elle est restée telle que je l'ai connue, "à l'ancienne" et si je rentrais dans la boutique, je m'attendrais à voir, venue de la pièce du fond, traversant le rideau de perles derrière le vieux comptoir, la mère du boulanger ou la boulangère et apercevoir le boulanger au fournil attenant. Il me faut quelques instants pour réaliser que c'est impossible et remettre les générations dans l'ordre du temps.

Devant la porte du fournil ouverte sur la rue, un jeune boulanger, sans doute un mitron, a l'air de prendre le frais son travail terminé - comme je l'ai vu faire à tous les boulangers d'ici autrefois. Je le regarde bien sûr et il me dit bonjour ; un simple bonjour est parfois un commencement de conversation… ce n'était pas possible. Pas encore.

- Tu ferais mieux de regarder à tes pieds !

J'avais souvent entendu çà dans ma vie d'enfant. Après une "bûche". La formule me revient à l'instant, mais ce n'est pas par hasard…

Petite fille, je regardais toujours le clocher en descendant cette rue. J'étais assez grande pour faire quelques commissions - à l'Épargne le plus souvent. Ce jour-là, dans un grand sac en toile cirée noire, je rapportais une bouteille d'huile. À cette époque, on allait faire remplir sa bouteille à l'épicerie, on la refermait soigneusement en enfonçant bien le bouchon et on l'enveloppait dans une feuille de journal.

- Fais attention petite ! Ne va pas la casser !

Le coude replié, serré sur les brides du sac, je marchais donc, tranquille, en regardant le clocher, la tête un peu renversée en arrière afin de l'admirer tout entier, lorsque mes pieds ont sans doute buté sur un caillou, un de ces sournois qui dépassent tout en restant solidement enfoncés dans le sol. À moins que le grand sac m'ait entravée… je suis tombée brutalement, tête la première. En me relevant, j'ai senti les meurtrissures à ma figure et à mes genoux. J'ai cru mon nez écrabouillé, tellement le sang coulait sur mes vêtements. En redressant le sac en toile cirée que je n'avais pas lâché, l'huile a fait "glou glou" et j'ai entendu s'entrechoquer des débris de verre… C'était donc dramatique. J'ai sans doute alors pleuré plus fort, sans retenue, comme un bébé qui a besoin d'aide.

C'est madame L. qui est accourue, sortie de sa cuisine ouverte sur la rue. Elle m'a emmenée chez elle. On a laissé dehors, contre le mur de la maison à côté de la porte, le sac heureusement étanche, avec les morceaux de bouteille et la feuille de journal de "la petite Gironde" trempée dans l'huile échappée.

Madame L. m'a soignée, nettoyée, un peu grondée : "tu ne pouvais pas regarder à tes pieds ?"

Je baissai les yeux en louchant sur du rouge : mon nez ! Prête à pleurer encore, mais doucement cette fois. Madame L. m'a dit alors : "regarde !" en montrant du doigt le mur près de la porte. Étaient accrochés là, une quantité de moules à gâteaux, de toutes les formes, toutes les tailles, une vraie dînette pour grande personne. En entrant, dans le contre-jour et baissant la tête, je ne les avais pas vus.

Et je me suis souvenue : madame L. faisait des biscuits, c'était son métier. Elle en faisait toute l'année, mais surtout pour Pâques. J'en avais vu : de hauts biscuits à grosses côtes, dorés, bien gonflés. J'en avais mangé : ils étaient doux, légers, moelleux. C'était sans doute à un jour de fête ou bien un jour où quelqu'un était en visite chez nous. Et en dégustant son gâteau, on vantait le savoir-faire de madame L...

Ce jour-là, pourtant jour ordinaire, pour moi seule, madame L. m'a donné un morceau de biscuit de jour de fête. Je l'ai mangé lentement, la gorge encore serrée, en grimaçant : ouvrir la bouche tiraillait sur la plaie de mon nez abîmé. Et puis, je restai préoccupée : j'allai devoir emporter rue Porte Pinche le sac et son contenu ridicule. Et ma figure sûrement ridicule aussi.

L'été d'après, j'avais remarqué que les touristes s'arrêtaient de marcher lorsqu'ils voulaient regarder les monuments de la ville et surtout le clocher depuis cette rue en pente. C'étaient des touristes, des inconnus, des gens venus d'ailleurs, des "pas pressés". Ils venaient pour voir, se promener, ils n'avaient rien d'autre à faire, alors, ils pouvaient s'arrêter.

Il était impensable que quelqu'un du pays s'arrête ainsi en pleine rue Droite et regarde le clocher... on l'aurait pris pour un "original".

Moi, je peux m'arrêter. Ce soir, je suis touriste.

Je ne m'arrête pas longtemps ; je continue à marcher vers l'église. En regardant à mes pieds. D'autant plus que mes chaussures de ville sont instables sur la rue un peu bombée et leurs semelles se révèlent trop minces sur les cailloux rencontrés.

À mes pieds, il y a aussi devant moi, cette ombre, une ombre lourde, un peu titubante, lente, tellement différente de celle qui passait là autrefois.

Des touristes, des vrais, se dirigent vers le porche, lentement, en flâneurs. Moi aussi je suis lente et je ralentis encore, mais pas pour les mêmes raisons. Je laisse les visiteurs passer devant : je veux prendre mon temps, le temps, celui de l'instant présent, plus celui qui pourrait venir me rejoindre. Regarder, comme regardait l'enfant, attentive ce soir aux images réelles qui n'ont pas changé. Surprendre les cloches dans leur haut-lieu en levant les yeux vers la large ouverture ronde sous le clocher... marcher sur les galets d'apparence arrondis, lisses n'est pas facile. Il me semble pourtant être passée sans difficultés autrefois avec les galoches à semelles de bois de l'hiver et les sandalettes de l'été... Après tant de décennies, tant de passages, ils devraient être usés ces pavés ! Au moins un peu. Sertis dans le sol, sortis du sol, il me semble qu'ils ont plus de relief. Je n'avais jamais remarqué leur teinte de vieux grès. Étaient-ils ainsi autrefois ? Ont-ils pris une patine... leur façon à eux de bien vieillir, joliment ?

Les oiseaux qui errent là-haut près des cloches ont fait leurs marques au-dessous de l'ouverture du clocher. On ne peut pas s'attarder. Et si les cloches venaient à sonner, je me souviens de ce tremblement qu'elles mettent au creux de l'estomac quand on est trop près d'elles.

Un regard vers le tympan, le front de la grande porte. Je ne vois plus comme au temps du catéchisme "le Jugement dernier" sculpté. C'était le temps des gronderies, des punitions. Dieu était le chef de clan des adultes sévères. Celui qui siège là-haut, toujours le même, me paraît être plus bienveillant qu'autrefois, mais, je sais que ma vue plus faible met un halo sur les visages parfois, qu'ils soient de chair ou de pierre et je ne capte plus aussi bien leur vérité.

Laissant dehors, l'été, les cris d'oiseaux, les bruits épars de la ville, je descends dans l'ombre, la fraîcheur, le silence, dans l'odeur de sanctuaire, avec autant de ferveur et d'émotion qu'au jour de ma première communion.

Je ne perçois d'abord que les couleurs vives, vivantes des vitraux : le grand vitrail au-dessus du chœur, celui que l'on voit du dehors en plein milieu du chevet (dans mon souvenir il était plus grand, immense), mon espace de mire… les vitraux des chapelles latérales, les uns pour la lumière du matin, les autres pour celle du soir. Je cherche la petite braise rouge qui fut toujours symbole de présence ; là où elle était. Je ne la vois pas. Dans un moment, accoutumée à la pénombre, je la trouverai à l'entrée de la première chapelle, près du chœur.

Je me fais à la lumière douce, mes yeux s'habituent, voient à nouveau. Je peux avancer. Passées les marches, les dalles me paraissent familières.

L'église a pris un air de cathédrale. Peut-être à cause des bancs qui ont remplacé les vieilles chaises d'antan presque toujours en désordre. Les rangées sont régulières tout au long de la nef, de chaque côté de l'allée centrale. Géométrie du bois sombre sur les dalles claires. Ordre, simplicité, harmonie de la pierre des murailles, du bois des stalles sculptées. Comme la Vierge du Pourtanel, les saints et les saintes veillent, toujours à leur même place.

La lumière du soir tombe sur les tableaux sombres autour du chœur, sans réveiller des couleurs. Je les remarque parce qu'il n'y a plus le maître-autel doré qui me semblait être à lui seul, une basilique en réduction. Simplicité de l'autel où comme partout, le prêtre officie face à l'assistance.

À pas lents, les touristes remontent l'allée centrale, chuchotent, regardent, montrent d'un air connaisseur, ont remarqué, font remarquer, s'en vont.

Je suis venue m'asseoir sur un banc au niveau des fonts baptismaux. Je dépose ma lassitude des années écoulées et celle de ce jour si étrange. Dans ma pensée, qui est peut-être prière, je rassemble, j'unis tous les miens, d'ici, d'ailleurs, les vivants, les morts… mon panier à provisions posé à côté de moi, je suis une femme du pays passée faire une visite à l'église avant d'aller faire ses courses en ville.

Après les offices, je prenais la rue qui suit le profil de l'église, j'allais vers la place de la Rode et la rue Porte Pinche, vers chez moi.

Il est déjà trop tard pour aller jusque là-bas. Il me faudra beaucoup de temps lorsque j'irai, du temps pour rester… en attente de qui peut surgir, disponible pour ce qui peut arriver… Ce soir, je ne suis pas prête, pas assez lucide, je plane dans la fatigue de ce jour, le dépaysement, la sensation d'irréalité.

Je ne vais pas aller non plus au cimetière, de crainte de le trouver fermé, à cette heure, comme celui des villes. Je n'aimerais pas le trouver fermé, interdit, visite remise, éconduite… J'éprouve un regret, un remord, une peine. J'aurais dû sortir plus tôt de chez mademoiselle De. J'aurais dû aller directement au cimetière : c'est là qu'ils sont… Je me suis laissée assaillir, détourner, retarder par les souvenirs, tout au long de mon trajet !

Les souvenirs surgissent, mais je suis à la recherche de points fixes réels, de repères concrets, même de pierre et de terre. Les êtres sont trop mobiles lorsqu'ils sont vivants et trop vite morts. Que sont devenus ceux que je connaissais ? Qui est vivant ? On dirait que la ville s'est vidée d'eux… Sont-ils partis ailleurs comme je l'ai fait et ils ne sont pas encore revenus, ne reviendront peut-être pas ?

C'est l'heure à laquelle autrefois, on ouvrait les volets, les portes, les fenêtres à la fraîcheur du soir. La ville s'éveillait, bruissante et bavarde jusqu'à la nuit commencée. Est-ce que ce soir des volets vont s'ouvrir ?

Demain c'est dimanche. Il fera clair. Il va faire beau. Je suppose, j'espère que la messe du dimanche, comme le marché du samedi sont toujours les occasions de rencontres, de rassemblement. Samedi est passé, mais je serai là au prochain. Demain dimanche, je reviendrai à l'église, j'irai à la messe et à la sortie, sous le porche, parmi les petits groupes qui bavardent, je retrouverai peut-être quelqu'un, mais je ne sais pas si j'oserai parler la première. Après, j'irai au cimetière, et puis dans mon quartier, pendant tout le temps qu'il faudra. Ce soir, je dois rejoindre un logis inhabituel, seulement un "pied-à-terre", sans racines faites, sans racines à faire. De l'autre côté de la ville.

Dans la rue Droite, je remonte lentement. Lentement, parce que je suis sensible à la pente et aussi parce que la rue est déserte, paisible, tout comme dans mes rêves sans personnages... Ou bien est-ce moi qui suis morte et qui erre comme "une âme en peine" ?

Avant d'arriver à la Halle, je passe devant un magasin d'alimentation, l'Économat. Je ne me souviens pas s'il existait déjà. Peu importe, je suis contente de le trouver sans avoir à aller plus loin. Je n'irai donc pas à l'Épargne aujourd'hui. Il me semble que la maison de mademoiselle De est loin, très loin du cœur de la ville, comme si pour y aller, je devais déjà quitter Martel.

Le magasin est en libre-service, je n'aurai donc pas l'occasion de parler. Je sais bien que si je parlais, on me répondrait aimablement, mais le visage de la commerçante m'est inconnu. Il ne ressemble à aucun de la génération précédente dont j'aurais gardé ou bien retrouvé le souvenir en le regardant. Si je parle, je crains d'avoir l'air un peu perdu ; je crains d'avoir l'air de ce que je suis. Si je reviens dans ce magasin, quand on m'aura vue plusieurs fois, on me demandera sûrement chez qui je suis en vacances et d'où je viens... et je ne chercherai pas à savoir si c'est par curiosité ou par sympathie. Je répondrai aux questions. Je parlerai. Une déferlante de mots sur un ton fait joyeux.

Ils parlent fort, eux, les gens du pays. D'une fenêtre ouverte (enfin) à un premier étage, j'entends tout près chanter l'accent. Ce n'est pas du patois. C'est du joli français bien dit, bien timbré. Un homme, une femme, un enfant. Ils doivent être dans leur cuisine. Savent-ils que depuis la rue on les entend si bien ? Ils sont peut-être déjà à table ; je reconnais l'odeur du "tourain" : ail, oignons, tomates, la soupe des soirs d'été.

Je ne peux pas m'arrêter pour écouter sous les fenêtres enfin ouvertes, seulement ralentir un peu, profiter de ce que j'entends et de ce que je sens... Plus loin, un homme accoudé à une autre fenêtre m'a dit bonsoir. Sans doute parce que je l'ai regardé comme si je le connaissais. J'essayais seulement, de savoir si je le connaissais.

***

Le soleil s'en est allé. Le chat aussi. Il faut que je repère les interrupteurs. J'ai fermé la fenêtre de la cuisine, renoncé aux senteurs du jardin. La nuit s'est avancée, s'est posée sur le jardin défendu. Inconnu ce soir. Il fait frais et j'ai peur des bestioles ailées qui pourraient rentrer attirées par la lumière. Je suis seule pour les chasser et je n'aime pas faire ça.

Au milieu du plafond, au-dessus de la table, la lumière de l'ampoule est faible, l'ombre persiste, s'alourdit aux quatre coins de la grande cuisine. La lumière est triste, l'ampoule trop faible pour cette surface. Elle me rappelle soudain celle de la lampe à pétrole chez mon grand-père, la lampe en porcelaine blanche suspendue à une poutre brune du plafond que l'on allumait le plus tard possible, une fois la porte refermée sur la nuit tombante. Le feu rallumé pour faire chauffer la soupe, éclairait tant que sa flamme était haute. Il prenait le relais du jour pendant un moment, jusqu'à ce que soit suspendue la marmite à la crémaillère ; alors, de lumière il devenait chaleur et la lampe commençait sa veillée.

Le voisinage de l'âtre, le dessus de la table étaient éclairés, mais au delà, tout restait pris par la nuit, dans une incertitude, un mystère... Dès mes sept ans, je suis venue chaque année en vacances chez mes grands-parents. Après avoir joué dehors toute la journée, avec Léa une petite voisine de mon âge, je supportais mal l'enfermement du soir dans l'unique pièce. Je ne savais pas imaginer la lumière à revenir et les jeux du lendemain à poursuivre : la nuit était là. Jusque dans la maison.

La nuit est là. Je regrette les lumières chaudes et douces de chez moi, mes lampes posées qui donnent envie d'aller près d'elles.

Est-ce que mes fils sont à la maison ce soir ? C'est un appartement au onzième étage d'une tour, mais on a toujours dit : la maison.

Je vais fermer les volets dans la chambre. Je ne suis pas habituée à vivre de plain-pied avec un jardin, près de la terre, de ses plantes, de ses bestioles inconnues.

Chez moi, les arbres n'arrivent pas à hauteur des fenêtres. Le bruissement qui monte dès le printemps est celui de toutes leurs feuilles et de leurs cimes. Lorsque le vent passe, on dirait un ressac très doux, le bruit de la mer au pied de la tour. Il n'y a pas d'ombres, seulement parfois celle des nuages. Pas de passants devant les fenêtres. La nuit est celle du ciel par dessus les lumières de la ville.

Ici ce soir, je suis entre deux jardins, à leur niveau. Les arbres sont de hautes sentinelles. Ils sont muets. Il n'y a pas de vent.

J'ai refermé cette maison sur moi. Les volets clos, il me semble n'avoir connu ces lieux, ce quartier qu'en image ou en rêve : la maisonnette, la voie ferrée, la route de Creysse qui monte, l'autre partie du L du pavillon... suffira-t-il d'ouvrir les volets demain pour les retrouver ?

J'ai avec plaisir repéré l'applique à la tête du lit. Je vais pouvoir lire jusqu'à la bienheureuse sensation de sommeil. Bâcler le dîner et aller se coucher ! Et que la journée soit finie. Que je sois enfin immobile, sans errance, sans recherche.

La porte et les fenêtres fermées, un Angélus est entré, lointain, atténué, mais familier, aussitôt reconnu : je l'entendais ainsi l'hiver de la maison rue Porte Pinche, avec parfois, un son soudain plus accusé, plus proche, venu avec le vent par la cheminée. Je me souviens de joyeuses sonneries du soir au temps de l'Avent. Des envolées... j'imaginais celles "des anges dans nos campagnes...". Les cloches savaient annoncer, de plus en plus proche, la mystérieuse nuit de Noël. Après, une joie manquait... il n'y avait plus d'attente.

J'ai dormi au milieu du grand lit. Chez, moi, je reste sur le bord. Dès le lendemain du jour où Jacques n'a plus été là, j'ai dormi de ce côté. Non pas pour prendre sa place, mais pour être là où il était, m'y pelotonner, m'y enfouir yeux fermés, comme dans son ombre, ou dans un peu de chaleur restée, un halo de présence...

C'est une sorte d'appel familier qui m'a fait reprendre conscience : les cloches ! Les cloches à nouveau. Présentes hier au soir, présentes ce matin. Ai-je eu l'ancien réflexe de l'enfant qui devait, dès que les cloches sonnaient à sept heures, se lever et se préparer pour aller à l'école ?

Le son des cloches m'avait toujours paru plus vibrant, plus joyeux le dimanche. Nous sommes dimanche. Avant de regarder l'heure, je crains d'avoir dormi trop longtemps après m'être réveillée souvent dans la nuit et que ce soit déjà le premier appel pour la messe, mais il n'est que sept heures et c'est bien l'Angélus qui sonne : trois petits coups, les trois Ave, le salut de l'ange et maintenant, la pleine envolée de joie d'un Magnificat.

On n'entend pas l'Angélus dans les grandes villes. Ici, il se répand au gré des vents.

Il est bon que les cloches ne servent pas seulement à dire l'heure. Sans doute, elles ne peuvent pas comme autrefois régler le temps de tous dans la ville :

Le matin - les cloches ont sonné, c'est l'heure de se lever !

À midi, combien étaient-ils à dire sur fond d'Angélus : c'est l'heure de la soupe ! On posait les outils, on fermait la porte de l'atelier ou on ne la fermait pas et on allait vers le "mérenda"[2]. Les enfants sortaient du catéchisme en courant dans la rue aux odeurs de cuisine.

Le soir - les cloches ont sonné, il faut aller se coucher disait-on au petit déjà ensommeillé.

Les cloches semblaient régler le temps, l'emploi du temps, le déroulement, les occupations de la vie de chaque jour, mais des femmes, dans le secret de leur cœur ou dans un murmure disaient une prière, surtout quand le glas annonçait la mort de quelqu'un.

J'ai entendu celui qui a sonné à la mort de mon père.

Quand les cloches sonneront à nouveau, ce sera pour appeler à la grand-messe : premier appel une heure avant, deuxième appel une demi-heure avant, et pour annoncer qu'elle commence, un tintement précipité qui semble vouloir dire : "dépêchez-vous !"

Je voudrais qu'aujourd'hui elles aient un si impérieux appel, que toute la ville les entende, les comprenne et sorte, aille vers l'église, arrive par les trois arches sous le clocher et s'engouffre dans la nef !

Les cloches se sont tues comme on se retire.

---

[2] repas de midi

Tentation de prolonger l'immobilité, l'absence à ce jour dont je ne sais rien… rien que je puisse prévoir.

S'il fait aussi beau temps qu'hier, je devrais deviner le soleil dans l'interstice des volets puisque la chambre est à l'est et le lit face à la fenêtre.

J'attendais ce petit bonheur, mais j'avais oublié qu'il n'est que sept heures, que les jours diminuent et qu'au rez-de-jardin, il y a moins de clarté qu'au onzième étage d'une tour, sur une colline au-dessus d'une ville.

Le jour est encore gris quand j'ouvre les volets, brumeux, mesuré, triste et le jardin est aussi mouillé que s'il avait plu. C'est la rosée. La rosée de septembre. La rosée d'automne. Une fraîcheur humide veut rentrer. Je ne savais plus l'existence de la rosée ; elle est invisible sur le béton, on ne marche pas sur les pelouses, on ne remarque donc pas si elles sont mouillées et si un matin les arbres pleurent, on ne se demande plus pourquoi.

La vie secrète de la terre au bas de ma tour, est-elle la même que sur le petit jardin du Quercy ? Rouen est peut-être ce matin dans une mer de brume d'où émergent des flèches de clochers et la linéaire tour des Archives…

Ici, fera-t-il beau aujourd'hui ? Peut-on y croire lorsque la brume est là ? Ce pressentiment de fin de belle saison ?

Je n'ai jamais oublié un certain matin de rosée et de brume, un jour de vendange au village de mon grand-père. La rentrée n'étant qu'au début d'octobre, les enfants étaient encore en vacances quand on vendangeait. Au village qui comptait six fermes, on s'entr'aidait pour les vendanges. Je devais aller rejoindre la vigne d'un voisin avec mon grand-père, mais au moment de partir, la brume était partout, épaisse, collante aux vitres de la fenêtre. En face, le Puy d'Issolud avait disparu ; disparu aussi le chemin tout proche qui descend vers la route. Le grand-père qui n'avait jamais peur de rien, lui, est parti pour la vigne. Moi, je n'ai pas voulu entrer dans ce brouillard inquiétant, hostile, où on perdait tout. Et puis, trop triste, trop mouillé, trop froid... et trop tôt. J'attendrai...

Je ne suis sortie que lorsque j'ai pressenti l'apparition du soleil derrière les vitres, pas tout à fait lui-même, encore rond et pâle comme une lune, mais il était là, on pouvait compter sur lui.

Je me souviens de ce bien-être grandissant, ce réconfort, cette joie, lorsque partie la brume, une douceur de l'air, la chaleur, a été presque immédiate. Je me souviens aussi de la lumière sur les feuilles encore mouillées dans la pente de la vigne. Une fête se levait qui allait durer jusqu'au soir.

- Tu as retrouvé le soleil ? avait dit le grand-père en riant.

***

Je suis partie pour l'église, un peu après le second appel des cloches. Le soleil revenu avait posé sur le quartier une gaieté de dimanche. Mademoiselle De sortait de l'autre partie du L. À son regard, j'ai compris qu'elle se demandait si j'étais quelqu'un qui va à la messe, bien que je l'aie entendue chanter à l'église, mais c'était autrefois. Mais oui demoiselle. Ici, sûrement. Pour des motifs personnels, impérieux et confus, liés à la piété dirigée du temps de l'enfance, en souvenir des dimanches d'antan, à la recherche de regards oubliés et peut-être aussi, à cause de ce grand bouleversement dans ma vie de ces derniers mois et qui me paraît plus grand encore depuis que je suis à Martel, seule.

Je cherche sans doute à retrouver les voies de consolation que j'avais eues étant enfant. Je vais donc à l'église. J'ai bien retrouvé hier au soir les repères de pierre, mais il me manque les êtres et je vais là où on peut en rencontrer.

J'ai suivi la rue de l'Église, plus directe que la rue Droite et il faut bien que je les retrouve toutes ces rues, que je les regarde l'une après l'autre plutôt que de passer toujours dans les mêmes. Moins large que la rue Droite, cette rue reste piétonne. Elle est déserte, mais je me souviens de devants de porte animés, lorsqu'on avait sorti le baquet pour la "bugade" et sur un autre seuil, quand la mama Célina était assise parmi sa tribu. Ces deux maisons presque en vis-à-vis, sont toujours là, fermées, laissées au passé, misérables, mortes.

M'en allant à la messe, même si c'est au grand soleil, j'imagine être dans la peau d'une "ménette". Les ménettes d'autrefois, toutes de noir vêtues, trottinant à jeun, chaque jour vers la première messe au petit matin. Elles étaient restées demoiselles, ou elles étaient veuves depuis longtemps, bien souvent à cause de la guerre de 1914. Je me fais peur : la vie serait-elle passée si vite ? Un regard sur ma robe me rassure : je ne suis pas vêtue de noir.

Mais alors, qui ici saura mon chagrin ?

L'église est presque pleine. Dans l'assistance, les vêtements sont encore d'été, multicolores, plutôt clairs, légers. J'ai le souvenir d'une assistance vêtue de sombre en toute saison. Il n'y a plus de chapeaux. Les cheveux sont clairs aussi : beaucoup de cheveux blancs et de cheveux gris. L'homme et la femme sont l'un près de l'autre alors qu'ils étaient séparés autrefois, les hommes ensemble à l'entrée de la nef à gauche me semble-t-il et les femmes à droite ou bien plus avant dans la nef, devant les hommes.

L'homme et la femme à côté l'un de l'autre... le couple. Ils sont sans doute du pays, ils ont été des enfants de mon âge. Qui a épousé qui ? Et je pense (pour me faire rire en dedans) aurais-je raté quelqu'un en m'éloignant...?

La rencontre devait se faire ailleurs. C'est très bien ainsi. C'était...

De jeunes couples sont venus assister à la messe avec des enfants. Demeurent-ils à Martel ? De quelles familles sont-ils ?

Je vais rester au fond de l'église : vieille habitude contractée par assignation dès ma première école et reprise spontanément ou même volontairement. Pour une certaine sensation de liberté (pas loin de la porte par où on peut s'en aller quand on veut - ce n'était pas le cas au fond de la classe). Pour la vue d'ensemble sur une assistance dont il me semble être détachée, en marge. Observatrice.

Ici à l'église, je reste au fond afin de voir de face à la sortie de la messe tous ceux qui remonteront l'allée centrale. Je les regarderai un par un, surtout ceux et celles qui paraîtront avoir mon âge. Tant qu'on ne m'a pas reconnue, mon regard est libre.

En prenant place, je crains déjà que le hasard m'ait attrapée là, que je me retrouve à côte de quelqu'un que je reconnaîtrais… quelqu'un qui peut-être ne m'aimait pas dans le temps… Pour l'instant, impossible de reconnaître un profil que je ne peux pas fixer parce qu'il est trop près.

C'est le regard qu'il me faut, dans un visage vu de face.

Je suis distraite par les "images arrêtées" de l'église autrefois, le souvenir des offices tels que je les ai vécus enfant.

Les chaises ! Les vieilles chaises et leur raclement des quatre pieds, même pas insolite en ce lieu, tant il y était familier. Elles étaient entassées à droite en entrant, devant une stalle destinée aux hommes, aux notables il me semble. La stalle est toujours là. Vide aujourd'hui.

Ceux qui arrivaient, que la messe soit commencée ou non, prenaient une chaise après l'avoir d'abord choisie du regard et ils "l'essayaient", c'est-à-dire que, la tenant par un angle du dossier, ils forçaient sur chacun des quatre pieds en faisant un peu pivoter la chaise. Si la chaise "tenait", s'ils estimaient qu'elle tiendrait, ils l'emportaient et allaient s'asseoir dessus où ils voulaient, où ils pouvaient. Si la solidité de la chaise était douteuse, ils la posaient - disponible pour un autre paroissien - et recommençaient avec une autre.

Les hommes insistaient plus lourdement ; les femmes avaient le geste plus machinal, moins appuyé. C'était le rituel, juste avant de prendre l'eau bénite.

Parfois, à l'endroit où ils avaient pris place, si la dalle du 13ème ou 14ème siècle était un peu usée, irrégulière, au moindre mouvement, la chaise boitillait, "trentolait" avec un petit son mat, répétitif.

Aujourd'hui je suis distraite, j'ai peut-être souri toute seule, je suis distraite, alors que je devrais être émue et recueillie.

J'aurais été émue, s'il ne s'était pas écoulé tant d'années... si j'avais pu reconnaître le prêtre qui officie... si j'avais vu les cornettes blanches des sœurs de Saint Vincent de Paul à l'extrémité de la nef à gauche, près d'un harmonium, à côté des bancs où venaient les petites filles du catéchisme pendant les offices, si j'avais pu retrouver aussi, de l'autre côté de l'allée à droite, faisant pendant aux bancs des sœurs, ceux des élèves de Sainte-Anne en uniforme bleu marine, encadrées par les maîtresses attentives à ce que l'on soit bien à la bonne page du petit missel pour suivre la messe.

Entre le parterre de chaises mobiles des fidèles ordinaires et les bancs des petites filles, aussitôt derrière eux de part et d'autre, il y avait les belles chaises doubles des "dames" de la ville : plaques de cuivre avec leur nom gravé, abattant du prie-Dieu... J'étais quelquefois passée à l'église quand elle était déserte pour aller lire les noms sur les plaques et manipuler les abattants des prie-Dieu, l'un après l'autre, toute la rangée. L'un d'eux, retombait parfois avec un bruit de claquoir qui résonnait dans le vide de la nef, de quoi faire sursauter les trop sages statues.

Peut-être bien qu'une de ces chaises portait le nom de mademoiselle De.

Mais si, mais oui je suis émue ! En regardant cette assemblée inconnue, vue de dos, sans visage, donc, presque aussi irréelle que dans un rêve, mais... à connaître dans un moment.

Une assemblée sans chaises doubles, dans l'uniformité des bancs et où on ne distingue plus la classe sociale par l'apparence, le vêtement, l'attitude.

Émue aussi par le chant à l'unisson entraîné par une chorale là-bas près du chœur, peut-être avec les anciennes petites filles des bancs. J'ai toujours trouvé émouvants les chants des foules, quand ils ne sont pas chants de haine ou de dérision… les voix unies, fondues, en harmonie sans y avoir été préparées. Ici, chacune un peu retenue, priante, voix d'hommes, voix de femmes. Harmonie grave, belle à écouter sous cette voûte. Instant heureux.

Je ne pouvais pas regretter le maigre chœur d'autrefois frileusement regroupé à chaque cantique autour de sœur Louise à l'harmonium. Je me souviens de Marie la lingère de l'ouvroir, Mathilde orpheline vieillissante, la petite Berthe toujours bougonne, sœur Marie, sœur Madeleine. Seule, sœur Thérèse très âgée restait assise, tassée, un peu voûtée, inclinée sur le côté ; elle était arrivée à Martel toute jeune religieuse, il y avait de cela plus de 50 ans.

Distraite à nouveau. Quand le prêtre au micro, sans quitter le chœur a commencé le prône. C'est ainsi ailleurs, partout désormais. J'étais restée au souvenir de la messe traditionnelle dite au maître-autel et au sermon dit en chaire, parce que c'est la première fois après tant d'années que j'assiste à un office ici.

Quelque chose a donc changé à l'intérieur des pierres. L'Église évolue plus lentement que les mœurs, mais elle évolue. Elle est infaillible pour l'essentiel, mais variable quant aux détails.

La belle chaire sculptée, au milieu du côté droit de la nef n'est donc plus utilisée. Elle est ornement, vestige. Témoin.

Tandis qu'autrefois, monsieur le curé-doyen se dirigeait vers cette chaire, c'était la "récré". Les enfants avaient le droit et ils devaient même, faire ce qui leur était défendu pendant l'office ; se retourner sur leur banc pour regarder et écouter monsieur le curé. Toutes les personnes assises en avant du niveau de la chaire tournaient leurs chaises, un peu en biais, pour ne pas faire face tout à fait à celles qui dans la deuxième partie de la nef n'avaient pas besoin de bouger pour voir et entendre. Si c'était nécessaire, monsieur le curé attendait que cesse, ou au moins s'apaise, le bruit fait par ces changements de positions.

Après le vacarme, le silence paraissait être très attentif. Les gestes se figeaient. On ne se mouchait plus. On ne toussait que si c'était inévitable. On évitait aussi de faire claquer le fermoir métallique des sacs à main. Un ange pouvait passer.

Des regards quittaient parfois la chaire pour repérer quelque chapeau dans l'assistance surtout s'il était neuf, mais ils remontaient bien vite, car le doyen paraissait voir tout le monde à la fois. Comme Dieu.

La voix venue d'en haut, contenue, renvoyée sous le dôme de la chaire était parfois grondeuse sur les pécheurs et pécheresses de Martel. C'était pour les adultes ; je ne me sentais pas concernée, mais un peu gênée qu'ils subissent ainsi des reproches, tranquillement assis. Impossible de savoir s'ils étaient honteux ou indifférents. Le contentieux des enfants, se réglait au catéchisme.

Le sermon terminé, monsieur le curé rejoignait le chœur, les fidèles qui avaient dû se retourner se remettaient dans le bon sens, les toux se libéraient, la récré était finie. Pas le bruit. On passait à d'autres sujets de distraction qui vous "soufflaient" de la messe sans que vous l'ayez voulu.

Dans le chœur, il y avait aussi l'harmonium de monsieur Rouchou. Aux messes chantées, il accompagnait le prêtre et le chantre, monsieur Prat.

Il me semble que la voix de Prat était râpeuse et son latin désinvolte. Il avait une façon personnelle de répondre "espiritouo" de n'importe quel point du chœur ou de la nef, sans donner ni toutes les syllabes ni toute son attention. C'est que, pendant le Credo, il faisait la quête et pouvait même dire quelques mots au hasard des rencontres.

La récolte des sous dans un plat en émail blanc était sonore, surtout quand la pièce tombait de haut. Les jours de fêtes solennelles, une aumônière profonde en velours grenat remplaçait le plat en émail et la quête était alors plus discrète, feutrée et le don plus anonyme. Le chantre continuait à chanter les répons pendant le long Credo des messes solennelles et, sans se retourner, on pouvait suivre sa progression dans la nef.

Monsieur Rouchou et monsieur Prat avaient toujours de beaux costumes. Ils étaient tailleurs. Si on osait, on pouvait les voir travailler derrière les vitres de leur atelier, rue Droite. Hier, en passant, j'ai vu la boutique morte et je me suis souvenue d'eux.

Honorine la chaisière faisait aussi la quête. Il fallait en effet donner quelques sous pour la chaise bancale ou non que l'on occupait. Avant Honorine, c'était la bonne de monsieur le curé, Thérèse qui faisait ce service mais elle avait été beaucoup moins pittoresque que ne le fut Honorine. Si on n'avait pas la monnaie, Honorine rouspétait en patois de Frayssinet dont elle était originaire et à voix haute tout en plongeant sa main dans la poche profonde de son "coutillou" pour y chercher les pièces qu'elle devait rendre, ou pour enfouir celles qu'elle recevait. Parfois, une pièce ratait la main tendue et tombait sur la dalle avec un joli son. Honorine rouspétait à nouveau, surtout si la pièce tombée devait être pour elle. Parmi les chaises sans ordre, la quête d'Honorine était interminable, elle couvrait largement tout le Credo. Prat, lui, qui n'avait pas à rendre la monnaie avait fini depuis un bon moment.

En levant simplement le nez pour voir si les gestes du prêtre à l'autel coïncidaient bien avec les images du petit missel, on ne pouvait pas ne pas voir les garçons qui avaient leurs bancs dans le chœur même, sur le côté devant une stalle. À un moment de fatigue spirituelle, ou de vague à l'âme, on regardait aussi devant soi, vers le chœur… donc on les voyait.

Ils bougeaient beaucoup, se parlaient, se chamaillaient peut-être, s'ennuyaient sûrement. C'était visible même de loin, sur l'espace du chœur nettement surélevé par rapport à la nef.

On devinait que s'improvisaient des jeux pour grand-messe, possibles surtout quand monsieur le curé s'éloignait, était en chaire pour un long moment. On avait parfois entendu tomber un objet faisant un bruit de bille, un béret pouvait être lancé jusqu'au milieu du chœur, par quelqu'un d'autre que son propriétaire bien sûr. Les jeux pouvaient se prolonger même pendant la suite de la messe et monsieur le curé qui avait sans doute l'oreille fine, s'interrompait, tourné vers les bancs pour réprimander, envoyer à genoux le coupable ou celui qui avait paru l'être. Spectacle pour l'assistance. Le garçon, bien en vue à distance des bancs, ne tardait pas à glisser son béret sous ses genoux nus, lorsqu'ils devenaient douloureux et glacés par la dalle. Les plus prévoyants ou les habitués, glissaient le béret dès que monsieur le curé ayant repris le cours de l'office, ne le regardait plus.

On célèbre aujourd'hui la mémoire du bienheureux Claude Caïx, jésuite, né à Martel, exécuté à la Révolution. Je suis attentive aux paroles du prêtre qui, avec un très fort accent du Quercy, évoque le jeune Claude enfant, jouant dans la ville, venu dans cette église. Il l'a évoqué, bien vivant, enfant de Martel, et pas seulement le martyr, pas seulement le bienheureux sorti pour ce jour d'une glorieuse cohorte, mais l'enfant de chair, un enfant parmi ceux d'ici.

Le prêtre a évoqué aussi un autre enfant de Martel qui fut un des premiers compagnons de François d'Assise.

Je suis sensible à l'évocation de ces deux martelais. Justement aujourd'hui. Oubliant les siècles qui nous séparent, ils me sont soudain aussi proches que tous ceux que je porte dans mes souvenirs.

Parmi la multitude des disparus, quelle différence que la mort des uns soit plus récente que celle des autres...

"Donnez-vous la paix". Depuis quelques années, les prêtres invitent les fidèles à échanger un geste de paix après le Notre Père. On se donne une poignée de main entre fidèles les plus proches, on se donne un regard... "donnez-vous la paix". Le geste symbolique est beau. Le symbole actuel. Au cours des messes de ville, il reste symbolique ; on ne se connaît pas, le geste est anonyme, il n'engage pas et pourtant, il me semble qu'il y a pendant quelques instants, un bref essai de fraternité comme dans les assemblées des premiers chrétiens. À l'origine, aux temps préhistoriques, c'était un geste de défiance. Les hommes se donnaient ainsi la main, de façon sans doute plus rude, pour être certains que celui qui s'était approché, ne dissimulait pas un caillou, un silex pour frapper par surprise. Le geste s'est civilisé, peut-être très lentement, peu à peu départi de toute méfiance, mais resté geste de rencontre, devenu geste d'amitié. En ce lieu, ce geste est fait. Des couples s'embrassent.

Je suis impaire.

Tournée bien franchement vers mon unique voisine de droite qui se tourne aussi vers moi, nous nous tendons la main. Pas de silex. Je n'ai que quelques instants - le temps d'une poignée de main très impersonnelle - pour décrypter ce visage, comme si c'était celui-là qui était à reconnaître absolument... Émotion immédiate : il me semble être celui d'une dame connue, vue dans mon enfance, d'un âge difficile à préciser, que je crois reconnaître mais que je n'avais jamais vu de près. Elle était une "dame", et moi, une petite fille quelconque. Une dame qui autrefois ne s'égarait pas ainsi dans l'assistance, car elle avait une chaise double et son nom gravé sur la plaque.

Affleurent aussitôt, des souvenirs de grand-messes d'été, de robes claires, de gants blancs et de capelines et de jeunes femmes entourées d'enfants... Je sais donc de quelle famille est ce visage reconnu, mais, tout s'embrouille, je dois faire référence aux aînés des enfants qui avaient à peu près mon âge pour situer exactement ma voisine de messe dans le déroulement du temps, réaliser qu'elle est l'une des jeunes femmes des étés d'antan et non pas la dame plus âgée que je croyais avoir reconnue tout d'abord et qui était sa mère.

Pendant la brève rencontre de nos mains, le regard de la dame m'a paru froid, impersonnel, distant : elle ne me connaissait pas autrefois ; elle ne peut donc pas aujourd'hui, me reconnaître...

Ce n'est donc pas avec elle que je pourrai parler à la sortie, amorcer ma première rencontre. Pas plus qu'avec mademoiselle De, elle aussi d'un autre milieu, et Louise a vécu près d'elle, hors de la chronique martelaise. Je ne vais pouvoir aborder, si jamais je les retrouve, que ceux qui me tutoyaient, que je tutoyais peut-être, ceux dont le regard pourrait s'éclairer quand je dirai mon nom d'enfance, à moins qu'ils s'en souviennent en me regardant... c'est moins sûr, il y a trop longtemps...

Je ne peux plus être vraiment attentive à l'office. Je m'abandonne, comme dans une prière passive, informelle et informulée. À la grâce ! Mais, parce que cette dame en robe fleurie est à côté de moi, ma pensée glisse, revient vers les grand-messes des étés d'antan.

Du mouvement dans la nef au moment de la communion. Ceux ou celles qui en viennent sont de face, mais la plupart, qu'ils soient près ou loin, ont la tête baissée, recueillis, mais attentifs aussi à retrouver leur place sur le banc, où ils se glissent et à nouveau tournent le dos.

J'ai cherché un air de famille que j'aurais pu reconnaître, quelque chose dans une démarche, "oun biai" tout en sachant depuis tout à l'heure, qu'au premier instant, je vais peut-être confondre les générations. Et puis, celles que je n'ai plus jamais vues depuis l'enfance, depuis leur taille de petite fille, comment ont-elles grandi ? Sont-elles devenues très grandes, minces, moyennes, petites, rondes, brunes, blondes, blanches ?

Revenu aux mots et au ton habituel, le prêtre nous renvoie au dimanche en famille, à une heureuse fin de vacances, à l'été, à la lumière. Moi, j'attends. Je regarde la sortie. Je ne bougerai que lorsque l'église sera vide.

Je regarde venir, mais je ne peux regarder vraiment, attentivement, que ceux qui sont encore assez loin. Lorsqu'ils se rapprochent, je n'ose plus les dévisager. Me regardent-ils eux aussi de loin ? Je n'en suis pas certaine. Suis-je invisible, morte sans le savoir ?

Si on me regardait, pourrait-on me reconnaître à cause d'une ressemblance possible avec quelqu'un de ma famille qui aurait vécu au Cap de Ville depuis peu d'années ? Je ressemble peut-être à mon père, peut-être à ma mère... mais qui peut se souvenir d'eux...?

À l'instant, je pense que s'ils avaient vécu, je ne me serais sans doute pas éloignée de Martel, en tout cas pas si longtemps. Je ne serais peut-être jamais partie.

C'est pour rompre dès que possible avec la famille de mon père - comme lui l'avait fait - , famille sûrement bien intentionnée, mais possessive, dominatrice, que je me suis éloignée... aussi de Martel.

Les derniers à sortir de l'église, sont sans doute les fidèles les plus fidèles, ceux qui étaient le plus près du chœur, des familiers de l'église. Ils sont peut-être plus sûrement des enfants du pays.

Quand ils passent près de moi, ils ont le regard vers la sortie, ils sont déjà pris dans la perspective du dimanche. Eux non plus ne dévisagent pas de près, d'ailleurs ils n'y pensent pas. La grande porte est ouverte à deux battants ; ils ont de la lumière en plein visage. Je suis dans l'ombre.

Plus personne ne remonte dans l'allée. Je ne sais pas si quelqu'un s'est attardé dans la solitude retrouvée. Je suis tentée de rester encore un peu dans cette quiétude, mais une rumeur venue du porche, me rappelle que c'est un endroit où on se rencontre. Dans ce pays du bien vivre, les conversations ne peuvent pas être très longues à l'heure de midi... Je dois sortir tout de suite. Appréhension.

Sous le porche, entre les gros piliers, on bavarde par deux ou par petits groupes. Enfin des gens réunis qui se parlent ! Des gens d'ici... sortis des maisons aux volets clos ? Venus de la campagne et que je connaissais ? Je n'avais pas encore entendu tant de paroles depuis mon arrivée. Elle ne date que d'hier... Il me semble qu'il y a déjà si longtemps que je quête, je guette, j'écoute...Peut-être le temps d'une vie...

Tout en marchant lentement, j'observe - sans pouvoir trop insister - , les personnes qui paraissent être de mon âge, les chevelures un peu grises, un peu blanches et même ces chevelures auburn qu'une touche de soleil dénonce. Il y a surtout des femmes qui s'interpellent, s'éloignent une conversation finie, et disent à d'autres, bonjour, au revoir. J'entends des noms, mais les noms de femmes ont recouvert les noms d'enfance et à nouveau je pense : qui a épousé qui ? Je passe entre les groupes comme si je cherchais quelqu'un. Je cherche quelqu'un. Mais, qui ?

Je n'ai trouvé personne.

Les groupes se défont. Subitement pressées, des femmes se rappellent que midi approche, qu'il faut aller préparer le "dîner", qu'il y a "du monde à mettre à table".

Ils étaient là rassemblés et je n'ai reconnu personne. J'avais oublié le nombre des années et que nous tous avons subi une mutation, une métamorphose ; nous ne nous sommes plus vus depuis l'enfance et nous voici au seuil de la vieillesse. Ceux qui n'ont pas quitté le pays, ou qui l'ayant quitté sont revenus souvent, ceux qui ne se sont jamais perdus de vue, ont subi lentement le temps passé sur chacun. Ils ont été en même temps, jeunes et puis adultes et puis doucement déclinants. Moi, je n'ai rien vu. Rien su. Je me souviens des enfants et je les cherche dans les visages de sexagénaires.

Je crois que je ne retrouverai intact, reconnaissable, que le regard, les yeux.

- Il ne faut pas regarder les gens comme ça, effrontée !

Moi je savais que ce n'était pas seulement à leurs vêtements, à leur démarche ou à leur parole que l'on connaissait vraiment les autres, mais à leur regard, à ce que disaient vraiment leurs yeux. Et j'avais besoin de les connaître. Mais pour voir les yeux, il faut être près.

J'ai encore des jours à vivre ici. À saisir. À parcourir, des rencontres à provoquer au besoin. J'irai s'il le faut jusqu'à la maison de tante Marguerite au Cap de Ville. Je ne crains plus de me laisser accaparer. Je suis seule, mais je suis libre. Mais c'est dimanche…

Je pars vers la Rode, je suis le trajet parcouru autrefois à la sortie de la messe. J'irai rue Porte Pinche, mais avant, il faut que j'aille au cimetière.

En avance sur le soleil, les cloches de l'église sonnent midi et j'entends aussi, décalés de quelques secondes, en écho léger les douze coups de l'horloge de la mairie.

Aux alentours de l'église, près de quelques voitures garées à l'ombre, ultimes conversations entre hommes, sans doute en attente de leurs épouses attardées sous le porche ou parties faire quelques courses avant de regagner les fermes.

Obligée de passer devant eux, je suis presque gênée de passer ainsi comme quelqu'un du pays sûr de son trajet - et parce que je suis quelqu'un du pays - et de ne rien dire. On n'est pas en ville ici. Quand même un regard rapide : ils me regardaient aussi, ils ont dit bonjour. J'ai répondu bonjour, mais je n'ai pas pu les regarder vraiment pour essayer de les reconnaître. Seulement un regard furtif, vite revenu aux embûches possibles du sol. Ce n'était pas le moment de dégringoler !

Vieux réflexe ? Vieux complexe ? Autrefois, filles et garçons ne se regardaient que de loin et s'ils étaient plus près, et en groupe, ils se moquaient les uns des autres. Quand le temps est venu pour les garçons d'inaugurer leurs pantalons longs, ils sont peut-être devenus moins moqueurs, plus sociables, fréquentables... Je n'étais plus là.

Pour traverser la place de la Rode, j'ai eu besoin de toute mon attention n'étant que piétonne... Les voitures descendent le cours des Fossés, surgissent de la courbe du Capitani...s'arrêtera ? s'arrêtera pas ? Avant de prendre la petite route qui mène au cimetière, je vais aller regarder l'école, ma première école.

Après le carrefour, tout est calme, désert. Vacant. Aucun piéton, nulle piétonne qui partirait dans la même direction que moi. N'y a-t-il plus que des automobilistes ? L'ai-je rêvée cette assemblée dans l'église ? Où est-elle allée s'éparpiller, s'évanouir ? D'où venaient-ils ?

Je monte une marche devant la petite porte en fer à côté du préau. Presque un geste enfantin, pour mieux voir entre deux barreaux.

C'est le même emplacement, sûrement le même bâtiment, c'est la même école, mais dans mon souvenir, le bâtiment des classes était plus long, plus grand, moins nu, moins sec, avec une rangée de portes vitrées et de fenêtres. Je vois qu'il y a seulement quatre portes et quatre fenêtres.

L'école me paraît là, dépouillée, raclée comme un os, le crépi clair, les portes et les fenêtres peintes en blanc (elles étaient de couleur marron autrefois). Si je ne l'avais pas connue, je croirais que cette petite école, blanchie encore par la lumière extrême de midi est un de ces bâtiments modernes sans grâce et sans mémoire.

Il me semble bien que le préau est cimenté. Je me souviens des grains de sable qui craquaient entre les dents quand on avait joué au train en traînant les pieds, soulevant la poussière pour simuler la vapeur.

Mais il n'y a plus de train à vapeur.

La cour, autrefois si vaste aux yeux et aux jeux d'enfants, me paraît être beaucoup moins grande. Elle est goudronnée et occupée en partie par une installation pour jouer au basket. Ainsi, tout l'ensemble, bâtiment et sol est sec, "bétonneux". Il me semble qu'il manque quelque chose, comme une absence : les arbres.

Il n'y a plus le petit sapin trapu. Était-ce un sapin ? - en tout cas on l'appelait sapin. Ses branches partaient au ras du sol, montaient en laissant un espace vide, une sorte de niche où on pouvait se cacher ou se réfugier. Complice des enfants, le petit sapin vivait ainsi des années écolières. Il y avait aussi, l'arbre "aux sifflets mauves" et l'arbre aux "sent-bon" d'où tombaient des sortes de feuilles fauves, douces, souples et odorantes comme un cuir de luxe. Je ne savais pas le nom de ces arbres extraordinaires ; je ne le sais pas encore. Ils sont restés l'arbre aux sifflets et l'arbre aux "sent-bon".

Le plus grand arbre était le marronnier aux chandelles blanches du printemps. Elles s'éteignaient, disparaissaient, mais à la rentrée, tombaient les coques vertes et piquantes capitonnées de blanc d'où s'échappait le marron neuf, lisse, luisant, fait pour être ramassé et dessiné dans la classe ainsi que la pomme et la feuille d'automne.

Depuis les hauteurs de l'arbre, un marron parfois, libéré de sa coque verte tombait sur le sol avec un bruit mat, ou bien, pendant une récréation il touchait quelqu'un de passage comme on taquine. Les enfants riaient et s'attardaient sous l'arbre à guetter d'autres chutes.

Le grand marronnier donnait son ombre lentement tournante aux tout-petits gardés dehors par Hermine quand il faisait beau et doux. De grandes rondes se chantaient, lui au milieu… On "clugnait" contre son tronc, la tête cachée dans le bras replié pour la partie de cache-cache et contre lui, le loup attendait qu'on l'interpelle pour courir après sa proie.

Peut-on jouer encore à cache-cache ou au loup dans une cour de récréation presque nue ? Ces jeux ont-ils disparu, obsolètes ?

Et le vieux puits vers les appartements des institutrices, de l'autre côté de la cour, face au bâtiment des classes ? Je m'y accoudais souvent en compagnie de Simone qui elle, me parlait, me souriait et partageait avec moi du pain et du sucre à la récréation de dix heures.

Près de la grille qui fait suite à la porte et borde la cour sur la rue, il y avait une dalle cimentée, surélevée. Elle servait à une marelle de printemps dessinée à la craie et redessinée et squattée toujours par les mêmes.

Je sais. J'ai trouvé pourquoi le bâtiment de l'école m'a paru si dénudé, crépi clair des murs, sur ciment clair du sol... Sous les fenêtres (la fenêtre) de la classe de mademoiselle Teulet, peut-être même sous les autres, il y avait des capucines.

Les capucines sont restées pour moi les fleurs de l'enfance, des fleurs gaies couleur de flamme, jolies, rigolotes par leur forme - leur coiffe de petite fée - et leur façon de grimper sur un pied, légères par-dessus le vert foncé de leurs fraîches feuilles arrondies.

Des tout-petits s'accroupissaient parfois devant elles comme s'ils voulaient surprendre leur grimpette.

Le souvenir des capucines-fleurs est lié à celui de la ronde "dansons la capucine...". La fleur, la ronde... C'était à la même époque. C'était là.

Ainsi, la cour de récréation a dans mon souvenir, un sol de terre, des feuillages, des ombres, des lumières, des oiseaux, un paysage nouveau, inconnu, irréel aux matins de neige, la fraîcheur végétale du printemps, tonique, qui faisait lever une joie, quoi qu'il puisse arriver à l'intérieur de la classe. Les saisons venaient s'y poser, plus sensibles et plus harmonieuses qu'ailleurs, peut-être à cause de la présence de ces arbres singuliers, gardiens et partenaires de la petite enfance. Je croyais que ces arbres-là ne poussaient que dans une cour de récréation et même, dans celle-là seulement, la mienne.

Je reviendrai. Dans quelques jours, je reviendrai regarder quand l'école sera ouverte. Vivante, réveillée. Quand des enfants seront là.

Aurai-je en la regardant vivre, plus de repères ou plus de dépaysement ?

***

Je parcours le minuscule faubourg de Poujols, courte banlieue. Quelques bruits de voix : il est midi passé, on doit se retrouver autour des tables, au cœur des maisons, au cœur des cuisines. Je ne rencontrerai personne. Ici, on ne se promène pas à l'heure de midi, surtout quand on est une femme, on doit être à la maison occupée à préparer le repas. C'était ainsi autrefois.

Je ne rencontrerai personne, c'est bien. J'ai besoin d'être seule pour aller là-bas et que rien ni quiconque ne vienne s'interposer.

La petite route est toujours la même, elle monte vers le cimetière doucement incliné vers la ville. Il y a toujours la grange au bas de la pente dans les prés où naissaient les champignons de rosée aux matins de la fin septembre.

Dès que l'on arrive plus haut, le mur du cimetière en bordure de la route cache les tombes, les garde. La porte en fer est peinte en noir, un noir très noir, mat et compact, un vrai noir de deuil. Elle a, depuis toujours le même grincement aigu, strident comme un cri de détresse. Je referme la porte lentement, doucement et quand je me retourne, je perçois, je ressens aussitôt la paix de l'étrange jardin et une angoisse : peur de ne pas savoir retrouver les tombes. Mes tombes.

Mon père et ma mère ne sont pas dans la même tombe. Ils ne sont pas ensemble. Je vais d'abord vers celle de ma mère. Pourquoi dit-on aller "sur" une tombe, alors qu'on se tient debout devant, comme au pied du lit d'un malade et on regarde fixement là où doit être le visage.

La tombe est dans le haut du cimetière, dans sa partie encore plate. Lorsqu'on quitte la large allée centrale, il n'y a plus que de petits cheminements d'herbe, étroits et surélevés entre les tombes très différentes et qui n'ont pas toutes le même alignement.

Je venais étant enfant. La première fois, c'était avec mon grand-père. Je n'ai pas le souvenir d'être venue avec quelqu'un d'autre. Plus tard, je suis venue seule comme on vient en visite. On dit bien, "aller faire une visite au cimetière".

Je venais, avec un entêtement à vouloir comprendre l'incompréhensible, essayer de voir l'invisible… et puis après, me prenait un abandon tranquille, une sorte de paix, de douceur, sans tristesse. Ils étaient là. J'acceptais, parce que je ne savais pas les imaginer morts.

À toutes les vacances je suis venue. Dès mon arrivée. Et puis avant le départ. Comme on vient dire au revoir avant de s'absenter. Là était le vrai lien. Sans doute le seul. Je n'en avais pas d'aussi fort avec les vivants. Aucun ne m'était encore réellement proche.

Je passe au bord des tombes de terre, des pierres tombales. Je lis les noms. Je les connais presque tous, sans pouvoir retrouver immédiatement les visages. Il y a des tombes abandonnées, abandonnées comme certaines maisons de la ville, parce que plus personne n'y vient.

La tombe de ma mère est une tombe de terre. Je la retrouvais autrefois en repérant un haut caveau juste devant elle. Je l'ai vu. Je vois la tombe. C'est un grand carré de terre désolée, mais des fleurs sauvages ont poussé. Un Christ à la croix abîmée est posé à même la terre.

Je ne supportais pas autrefois qu'une plante ait pris racine sur la tombe, dans la tombe. Avec rage et tristesse, je marchais sur la tombe pour aller l'arracher. Je me souviens d'avoir été brusquement saisie aux pieds par la terre rouge quand elle était humide, d'avoir eu la sensation que j'allais m'enfoncer, d'avoir eu peur et d'être repartie avec des semelles alourdies par la terre glaise dont je ne parvenais pas à me débarrasser.

Aujourd'hui, je ne toucherai pas aux fleurs sauvages. Je réalise que je suis venue les mains vides. Comme autrefois, je suis venue.

Il y avait dans le temps, un autre carré de terre semblable à côté, deux tombes séparées par une petite allée aboutissant à une croix de pierre sur laquelle notre nom de famille est gravé, avec une orthographe différente, peut-être à l'ancienne : BELLY.

La croix de pierre est maintenant déséquilibrée légèrement, un peu de travers, déracinée telle un vieil arbre.

Mon grand-père et ma grand-mère paternels que je n'ai pas connus sont enterrés dans ce qui était le deuxième carré de terre. Il y a maintenant une pierre tombale et le nom de Marguerite BELIS est gravé à côté de ceux de Pierre et de Marie ses parents. Ma mère est seule sous sa terre plate. À l'instant je pense : est-ce toujours sa tombe ? Est-elle toujours là ?

Au mois de mai dernier, quand j'ai dû faire les démarches au service des cimetières de Rouen, on m'a bien précisé, combien de places et pour combien de temps ; un bail, comme pour les vivants et… des places, l'une prise, les autres en attente… Je n'avais jamais pensé à cela. J'irai à la mairie dès lundi.

La pierre tombale posée après la mort de tante Marguerite en 1958, lavée et relavée par les pluies, ensoleillée par les étés, déteinte, éteinte a des taches de lichen brun, taches de vieillesse. Des fleurs artificielles abîmées restent dans un vieux vase détérioré lui aussi.

On dirait que personne ne vient plus visiter cette tombe.

Si personne ne vient sur la tombe, c'est qu'il n'y a plus personne de la famille dans la maison du Cap de Ville.

Mon père est enterré dans la tombe de la famille d'Antoinette. J'ai souvent rêvé que je ne trouvais plus cette tombe. Qu'elle était perdue, inaccessible. C'était un cauchemar. Là sur place, je vais la retrouver. J'aurais même pu la repérer depuis le bas de la petite route, lorsque j'étais encore loin du mur qui entoure le cimetière. Elle est à mi-pente, au bord d'une allée secondaire. C'est une pierre tombale étroite entre une large tombe plus haute et un grand caveau. Étroite comme une tombe de cimetière de ville, comme celle du cimetière du Nord à Rouen, toute fraîche celle-là, sur laquelle la pierre n'a pas encore été posée. Ces tombes où les morts au lieu de reposer l'un près de l'autre comme les gisants, sont rangés pour tenir le moins de place.

Arrivée au bord de la tombe, - elle est parallèle à l'allée et il n'y a pas assez d'espace pour se mettre au pied - étonnement, émotion : je ne me souvenais pas de cette croix en relief sur toute la longueur et la largeur de la tombe, légèrement levée sur la pleine pierre. Je ne me souvenais pas. Sur la tombe de Rouen, la pierre n'est pas encore posée. On m'a dit qu'il fallait attendre que la terre se tasse... mais elle est retenue et j'ai choisi sans hésitation, sans souvenir conscient, cette même croix légèrement levée sur le granit poli de Lanhelin. Granit, parce qu'on ne fait plus guère les pierres tombales comme autrefois, sinon les deux tombes auraient été semblables.

Devant la tombe de ma mère, j'ai souvent eu envie de m'asseoir contre le grand caveau qui nous tourne le dos et de rester longtemps, laissant aller au hasard des pensées qui seraient peut-être interceptées, recueillies. Derrière le grand caveau, à l'abri des regards. À l'abri.

Devant la tombe de mon père, je ne peux pas rester longtemps, je ne restais jamais longtemps dans la pente nue exposée au soleil, au vent, au regard de la ville.

Je reviendrai bien sûr. Je reviendrai en visite. J'ai reçu aujourd'hui, j'emporte, je garde cette troublante image des deux pierres tombales semblables, pourtant, si loin l'une de l'autre dans l'espace et dans le temps.

Est-ce le subconscient qui m'a influencée pour choisir celle qui n'est pas encore posée ? À l'émotion, la douceur qui me gagne, je sens qu'il peut y avoir une autre explication, pas du tout rationnelle, mais que j'espère et ne sais pas définir. Je viens d'être touchée, rejointe. J'ai la même pensée qu'autrefois quand je quittais le cimetière : "Ils veillent. Ils me protègent".

Croire, ne pas savoir si on croit, mais chercher, faire de son mieux. Et parfois, une fulgurance, une intuition, un signe… un commencement de certitude, un réconfort.

Je m'éloigne, je monte par la petite allée herbue en continuant à déchiffrer les noms sur les plaques ou gravés sur la pierre. Je reconnais la plupart des noms, mais je cherche aussi les prénoms. On connaissait presque tous les gens du pays par leur prénom dans le temps. Beaucoup me rappellent quelqu'un, parfois quelqu'un que j'aurais cru encore vivant parce que nous avions le même âge… Quelqu'un que j'aurais peut-être cherché, mais à nouveau comme tout à l'heure dans l'église, j'ai perdu la notion de l'âge des autres, j'embrouille la strate des générations, mais peu à peu, avec les noms, me reviennent des silhouettes, des comportements, des professions…

Oubliant qu'ils sont partis au fil des ans, les uns après les autres, à découvrir tous ces noms en même temps, j'ai l'impression qu'ils ont été apportés là tous ensemble, déversés de la ville au cimetière, comme s'il y avait eu cataclysme. Parce que je n'en ai pas rencontré un seul, on dirait que les habitants de la ville d'antan sont tous arrivés dans ce vaste espace du cimetière. La dernière demeure. C'est une pensée comme ça, juste pour un instant, je sais bien que d'une vie à l'autre les habitants se sont renouvelés, mais il me semble qu'ils sont moins nombreux qu'autrefois, au temps de la ville "vivant". Les boutiques mortes des métiers disparus, les maisons fermées, c'est aujourd'hui. Les tombes abandonnées... comme les miennes, parce que la vie s'est passée ailleurs. Ailleurs où on peut aussi mourir et ne pas pouvoir revenir vers ce cimetière.

En arrivant près de la porte qui va grincer, je remarque qu'il n'y a plus cette tombe aux couronnes de perles blanches, aux angelots voletant abritée sous une verrière. Je la regardais toujours en passant. C'était une tombe d'enfants. En arrivant tout à l'heure, émue de me retrouver en ce lieu, l'âme au silence, le regard cherchant sur les tombes, je n'avais pas pensé à regarder tout près. Sans doute parce qu'elle n'y est plus ; si elle avait été là, je l'aurais vue. Les tombes peuvent donc disparaître aussi ?

Avant de sortir du cimetière, avant de lui tourner le dos et de m'éloigner, je regarde la grande étendue... Maintenant que je l'ai parcourue, elle me paraît être la dépendance, l'annexe évidente de la ville, l'aboutissement inévitable et parce que j'ai un certain nombre d'années, je me sens prise, entraînée, intégrée, destinée à cet aboutissement.

***

En sortant, je reçois brûlante, la chaleur sur la petite route que nul arbre n'ombrage, plus celle renvoyée par la porte en fer qui prend le soleil de face à cette heure et... sous le ciel bleu pervenche de ce jour, au loin, l'image de la ville.

Image, parce que je ne suis pas tout à fait certaine d'être devant la ville réelle. Le calme très étrange, très prenant du cimetière, le dépaysement, l'errance depuis hier, les pensées venues, m'ont comme éloignée des réalités. Il me semble qu'il en était de même autrefois...

Si ce n'est pas un mirage, la ville est là, pas très loin, mais à distance, cernée, retenue, contenue par son rempart. Martel ! Le long profil de l'église tout entière dominante, les tours disséminées, la masse des toits où la tuile domine, les toits qui ont l'air d'être groupés davantage en montant vers le haut de la ville, le feuillage des arbres au-dessus du rempart...

Depuis cette route, des terres, des prés s'étendent jusqu'au bas de la muraille. Quelqu'un qui ne connaîtrait pas la ville et l'aborderait par là, pourrait croire qu'elle est totalement encerclée, protégée de toute part, gardée entièrement médiévale en son rempart.

Sur la droite, parallèle à celle du cimetière, une route s'est pourtant échappée de la ville, bordée de maisons d'abord. Je reconnais aussi la masse de feuillage de la Callopie, haut et vaste tertre d'herbe, esplanade surélevée. J'ai le souvenir de beaux arbres, du grand calvaire, de processions sans doute de Fête-Dieu, venues jusque là dans du grand beau temps. Bannières, draps blancs brodés, fleurs, pétales de fleurs, chants dans la ville, murmures, rumeur des prières... enfants heureux de sortir de l'église en cortège de fête jusqu'en ce lieu, beau et inhabituel.

Presque en face de la porte du cimetière, un long chemin monte jusqu'à cette route près de la Callopie d'où on peut rejoindre le haut de la ville. Je n'irai pas. Il y a au bord de cette route, la maison du notaire où la famille m'emmenait après la mort de mon père. On m'avait emmenée plusieurs fois ; Antoinette était exclue de ces réunions et ils en profitaient pour parler d'elle méchamment. À l'étude du notaire, les conversations étaient bizarres et compliquées dès qu'elles sortaient de la haine. Je me souviens de ma honte, de ma peine lorsqu'on parlait d'Antoinette et de moi. Je ne savais plus si ce que l'on disait était vrai ou exagéré ; j'avais bien vu de vraies mamans corriger aussi leurs enfants... peut-être pas aussi fort, pas aussi souvent...

En allant vers mon quartier, je ne sais pas quels souvenirs vont se lever et je me sens troublée, émue, en attente du moindre signe.

À l'angle du pré qui descend depuis le cimetière et remonte légèrement après la grange à mi-chemin, le mur qui le borde est moussu. C'est dans ce coin que je me suis débarrassée, un soir en revenant de l'école, d'un béret verdâtre, tricoté, qui ne me plaisait pas. Parce qu'il était laid et parce qu'on me l'avait donné. J'avais sans doute déjà perdu le béret en feutre bleu marine de la rentrée, il n'avait pas été remplacé, il commençait à faire froid. Quelqu'un de charitable avait dû donner ce béret à la maîtresse pour un enfant qui n'en possédait pas et elle avait vu que j'étais cet enfant-là.

Son don m'avait humiliée, bien plus que le bonnet d'âne qui m'était familier et qu'elle me prêtait seulement. Le béret était laid et puis je savais bien que je ne pouvais pas rentrer à la maison avec cette chose que l'on m'avait donnée comme si nous étions misérables.

J'ai jeté le béret tricoté verdâtre dans ce coin de pré en contrebas, parmi la mousse verte et l'herbe verte.

En passant, je me penche un peu au-dessus du mur.

En sortant de l'école laïque à quatre heures, au lieu de prendre le chemin direct pour rentrer à la maison, c'est-à-dire d'aller vers la rue Porte Pinche, je venais passer par Poujols et je tournais à droite, quand je savais que mon père serait à "l'atelier". Il était couvreur, mais il avait dans ce chemin une petite scierie. On disait "l'atelier". Quand le temps trop mauvais rendait impossible le travail sur les toits, il venait travailler là. C'était une construction sommaire montée au milieu d'un long jardin qu'elle occupait sur toute sa largeur. Dans la deuxième partie du jardin, au fond, je retrouvais l'école, le bâtiment de l'école, mais à son extrémité, sur son côté inoffensif, une muraille nue sous le pignon, sans aucune ouverture, sans regard.

Des "barres", c'est-à-dire des troncs d'arbres qui n'avaient plus ni leurs branches, ni leurs feuilles, ni leurs oiseaux, debout contre le mur de l'école achevaient de sécher avant d'être dépouillés de leur écorce et transformés par la scie (la machine) en lattes pour les charpentes ou en piquets pointus comme des crayons pour les vignes et les jardins.

L'hiver, mon père arrivait à la scierie dès que le jour baissait. La classe de l'après-midi n'était pas encore finie. J'entendais démarrer doucement le moteur à essence qui activait une courroie le reliant à la machine. J'étais sûrement la première à l'entendre, parce que je l'attendais. En quelques secondes, le son montait, devenait régulier, mais le bruit de la scie mordant le bois donnait un autre son plus strident et plus âpre qui allait en décroissant au bout de la coupe. Et on retrouvait pendant quelques instants, la haute musique égale du moteur, le temps que mon père prenne une autre pièce de bois. Je connaissais tous ses gestes.

Dans la classe, on se retournait pour me regarder. Il fallait bien se retourner si on voulait me regarder, puisque j'étais à la place du fond.

Quel que soit le dire des regards, dès que j'avais entendu le moteur, une joie, un bonheur s'étaient levés en moi qui devaient transparaître sur mon visage : mon père était là, tout près. Tout le monde savait que le bruit du moteur que l'on entendait venait de l'atelier de mon père. Moi, j'allais le retrouver tout de suite à la sortie de l'école (si je n'étais pas punie trop longtemps).

À l'atelier, je devais rester assise sur une large bille de bois, loin de la courroie et du moteur. La sciure blonde couvrait le sol. J'étais près d'un tas de copeaux en boucles. J'aimais, j'aime toujours l'odeur de la sciure et du bois. À chaque fois, je prenais un copeau dans le tas et je le respirais à plein nez, à pleins poumons avant de le mettre dans la poche de mon tablier. Pour emporter, garder un peu plus longtemps l'odeur du bois et de l'atelier.

J'aimais regarder travailler mon père. De ma place, je le voyais de profil, debout devant la table en acier de la machine, un pied en avant, il se tenait légèrement incliné pour guider le bois vers la scie verticale.

Je devinais son regard très attentif. Je ne parlais pas de crainte de le distraire, ses mains allaient si près de la lame...

Ici à l'atelier, maintenue à distance parce qu'il le fallait, je me sentais plus proche de mon père qu'à la maison, bien qu'on ne puisse pas se parler à cause du bruit. C'était peut-être parce que j'étais là, seule avec lui et que je voyais ce qu'il faisait.

Mais au bout d'un moment, il fallait partir, il y avait des devoirs à faire pour le lendemain, des leçons à apprendre. Si je m'attardais, mon père interrompait son travail pour me le rappeler.

Certains jeudis d'hiver - jeudi, jour sans école - quand j'avais pu aller le rejoindre vers le soir, nous rentrions à la maison tous les deux ensemble, alors que la cloche de l'hospice sonnait comme chaque soir à sept heures. Les bâtiments de l'hospice s'étendent sur tout l'autre côté de la rue.

Parce qu'il faisait nuit, parce que c'était lui, je prenais la main de mon père, celle à laquelle il manquait deux doigts. Ce n'était pas la scie qui les avait coupés. Il disait qu'il les avait perdus à la guerre, sur un ton presque aussi léger que le mien quand on me demandait ce que j'avais fait de mon mouchoir.

Dans la partie du jardin qui s'étendait entre l'atelier et la rue, mon père avait commencé à élever des murs en moellons. Je les avais vus fabriquer, ces moellons, moulés dans des sortes de bacs en bois. Nous n'étions que locataires rue Porte Pinche, la maison du Cap de Ville appartenait à tante Marguerite, mon père voulait sans doute s'installer, avoir une maison à lui. Lentement, la maison prenait forme. Elle a commencé vraiment à ressembler à une maison, lorsque le jeu de cubes des moellons a révélé l'emplacement de la porte et des fenêtres. Elle serait dans un jardin ! Elle était au ras du jardin...Alors que, rue Porte Pinche, la cuisine était au premier étage, au-dessus du jardin de quelqu'un d'autre et que sa fenêtre était grillagée. La maison d'ici prendrait toute la place sur le premier petit jardin au bord de la rue, mais on serait à côté de l'atelier et il restait l'autre jardin, plus grand, en contre-bas de l'école.

La maison ne s'élevait que très lentement. À son dernier hiver, parce que le temps ne s'y prêtait pas et parce qu'il était déjà malade, mon père n'a pas pu y travailler beaucoup... Elle était donc restée à l'état de projet, d'ébauche, de rêve. Aussitôt après la mort de mon père, la scierie, le terrain, le commencement de maison furent vendus.

Il y a là au bord du chemin, une maison construite peut-être avec les murs faits par mon père. Maison terminée par quelqu'un d'autre. Habitée.

Dans le chemin, je chemine. Lentement. Il n'est pas devenu une rue. Bordé par les hauts bâtiments de l'hospice, il ne pouvait pas devenir une rue.

Le quartier est calme, assoupi sous le soleil. Pas de bruits de voix, le dimanche ici à l'heure de midi. Sur la droite, y a-t-il des habitations au fond des jardins ? Derrière cette remise ? De l'autre côté de ce garage ? Y a-t-il des habitations habitées ? Des solitudes ? Il faut être au moins deux pour que naisse un bruit de conversation...

Alors que je ne suis pas encore arrivée au carrefour où aboutit ce chemin, je vois et j'entends les voitures qui ne cessent de venir ou de partir sur la route de Gluges. D'autres, montent ou descendent sur la route de Saint-Denis en passant par le Cap de Ville. On dirait que les uns s'en vont d'où sont venus les autres et qu'ils ont décidé de se croiser là, à ce carrefour.

Est-ce bien raisonnable ? Comment ai-je pu, petite fille, sauter à la corde devant notre porte, jouer à la balle contre le mur de la maison et aller la ramasser au milieu de la rue lorsqu'elle avait roulé, aller chercher de l'eau à la pompe qui était à l'angle de l'hospice de l'autre côté de la maison... m'en aller à l'école en marchant ou en courant au milieu de la rue Porte Pinche...

traverser pour aller à l'atelier, tout cela sans danger ? Les rares voitures n'allaient pas vite et elles "cornaient" pour prévenir quand elles arrivaient au carrefour.

Quelquefois l'été, le dimanche en fin d'après-midi, on sortait des chaises devant la porte et… on regardait passer… les voitures "étrangères" immatriculées D.R étaient de la Corrèze, E.G de la Dordogne. Les J.T étaient de chez nous. Ceux qui revenaient de Copeyre, de Gluges, de la baignade ou de la pêche à la Dordogne et qui habitaient Martel passaient à ce carrefour. Les uns étaient à bicyclette, des jeunes gens garçons et filles en joyeux groupe, parfois seulement à deux, une fille, un garçon. Ceux qui revenaient de la pêche, plutôt des anciens, mais je ne sais pas à partir de quel âge je les trouvais anciens, ceux-là s'arrêtaient un moment parfois pour se reposer, bavarder, montrer leur prise quand il y en avait une.

Tous avaient l'air de venir d'un pays d'eau, de soleil et d'éternel beau temps tandis que nous avions vécu à l'ombre.

J'aperçois en face, de l'autre côté du carrefour, à l'entrée de la route de Gluges, la grange, intacte : une belle grange en pierre avec un beau toit de tuiles. C'était la grange de l'âne. La grange pour l'âne, pour le matériel du couvreur, la grange pour la luzerne de l'âne.

J'avais peur de l'âne qui était fantasque et capricieux, imprévisible. Il était dans une sorte de box au fond de la grange quand il était au repos, et je sentais bien que, de quelques coups de sabots, il aurait pu tout mettre à plat, mais j'aimais tout de même aller à la grange. J'aimais l'odeur de la grange, odeur de luzerne sèche, parfumée. Une odeur d'été qu'elle gardait toute l'année. J'aimais l'odeur d'été.

À l'extérieur, contre toute la longueur du mur de la grange, des barres étaient entreposées, mais là, elles étaient couchées, superposées. C'étaient les dernières venues des bois, traînées par le courageux et terrible petit âne.

Elles étaient superposées, mais de façon à ne pas rouler quand le tas devenait important. Elles avaient pourtant roulé quelquefois quand je grimpais le plus haut possible pour me prouver que je pouvais sauter de plus en plus loin. Au bruit de leur chute répercuté en tonnerre sur le sol, mon père accourait, d'abord inquiet, et puis fâché.

À côté de la grande porte de la grange, il y avait un banc, ou plutôt, une planche posée sur deux pierres servant de banc. Non pas à nous, mais aux pensionnaires de l'hospice, ceux qui sortaient, les hommes, les vieillards.

Ils venaient s'asseoir sur le banc, sur les timons du matériel agricole à réparer, entreposé là sur la placette par le forgeron tout proche. Ils allaient aussi, passée la grange, sur une murette en bordure de la route, au-dessus d'une cour de ferme en contre-bas. Dès que l'air était tiède et le jour ensoleillé, pendant des heures lentes, ils restaient là à regarder passer, à prendre le soleil quand il était doux, à chercher l'ombre s'il était trop chaud, les deux mains croisées sur leur canne plantée verticale devant eux. Certains parlaient volontiers, de leur famille, de leur métier d'autrefois, de la vie à l'hospice, tournant souvent en dérision, les sœurs, la religion. Je me souviens du père F. qui disait souvent en soupirant mais avec malice : "Bon Dieu de bois, que vous avez la barbe dure et les pieds froids !". J'en avais fait une joyeuse comptine que je chantonnais loin des oreilles trop pieuses et c'est ainsi qu'elle est restée dans ma mémoire.

D'autres vieillards étaient taciturnes, indifférents, déjà absents. Quelques uns étaient pittoresques, braillards, comme le Tunisien toujours en ceinture de flanelle rouge vif ; il me semble qu'il avait aussi un étrange bonnet. Il avait presque toujours près de lui le petit Louis, chétif, bossu, sans âge qui ne parlait pas, ne riait jamais. Le Tunisien l'avait pris sous sa protection, comme un enfant.

En plein milieu du carrefour, le Tunisien faisait parfois un discours, le petit Louis gesticulant à ses côtés, dans sa veste trop grande, sa figure brune et pointue à peine visible sous le chapeau de feutre.

Je n'aimais pas m'attarder au carrefour lorsque le Tunisien était en veine de paroles, de sorte que je n'ai jamais su ce qu'il pouvait raconter à son auditoire disséminé. Peut-être les moments glorieux de sa vie passée au loin le temps d'une guerre et qui lui auraient valu son surnom de Tunisien... Il avait un oeil fermé. Plus encore qu'à un vieux soldat, il ressemblait à un vieux corsaire.

Quand la cloche de l'hospice appelait pour le repas, ainsi que des écoliers à la fin d'une classe, les vieillards s'agitaient aussitôt, les durs d'oreille avertis par ceux qui avaient entendu l'appel. Tous se levaient, les uns encore assez vivement, d'autres plus lentement, parce que moins valides ou bien engourdis par une trop longue immobilité, à moins qu'ils soient devenus indifférents même à la nourriture. À petits pas pressés, presque courus, les plus rapides atteignaient le portail de l'hospice après avoir traversé le carrefour sans risque. Les autres suivaient, disséminés selon leur lenteur. Les "fortes têtes", toujours les mêmes, ne se pressaient pas, faisaient exprès d'être en retard pour "faire enrager" la sœur Marie. Ils s'en vantaient en riant.

Aujourd'hui, aux rares instants où aucune voiture ne passe, ce que je vois du carrefour me semble être désert, déserté à l'heure de midi passé par toutes ces ombres dont je viens de me souvenir, ces vieillards conscients d'être en ce lieu d'asile, en attente de mort... et qui l'ont eue depuis tant d'années.

La dernière maison à droite au bout du chemin, m'avait jusque là caché la première de la rue Porte Pinche en face, celle qui fut la mienne.

On a coupé le pan, l'angle de la maison ! Elle avançait beaucoup sur le carrefour, beaucoup trop. Je me souviens "d'accrochages" entre véhicules de l'époque, au temps où on pensait pouvoir rouler en plein milieu de la chaussée. Je me souviens des accrochages et de l'intéressante animation qui suivait.

Je ne sais pas si l'amputation a été faite sur notre logement ou sur celui de mademoiselle Léonie qui était notre voisine à angle droit. Son logement qui appartenait à la même maison, sous le même toit que le nôtre, avait sa façade sur la placette au bord du carrefour : deux belles fenêtres au premier étage au-dessus d'une treille, un escalier en pierre contre cette façade, sa rampe en fer, un géranium ou un fuchsia sur chaque marche du côté de la rampe et tout en haut sur un petit perron, une profusion de plantes et de fleurs près d'une haute porte d'entrée. Sous les fenêtres, au bas de l'escalier sous la treille, une large porte donnait sur un local servant de cave et d'abri à deux ou trois poules qui en sortaient par une chatière pour aller parmi le petit peuple du carrefour picorer l'herbe de la placette jusqu'à leurs pieds. Un autre logement semblable, symétrique, même escalier, même façade, faisait suite à celui de mademoiselle Léonie. La famille qui l'habitait était vivante, active, bruyante. Elle possédait une trompette, un tambour, des vélos, un camion vert, un chien gris. Mieux encore qu'un discours du Tunisien, leur présence pouvait allumer une lueur dans le regard des vieillards de la placette.

Ces deux logements et le nôtre, ayant dû à l'origine faire partie de la même grande maison, une porte de communication était restée entre celui de mademoiselle Léonie et chez nous.

Mademoiselle Léonie était la sœur de l'ancien curé-doyen et elle avait vécu près de lui à la cure, un peu plus loin dans la rue Porte Pinche. Après la mort de son frère, elle était restée à Martel bien qu'elle soit originaire d'une autre région du Lot et depuis elle habitait cette maison.

Quand j'entendais frapper doucement à la porte de communication, je savais qu'elle venait me chercher. C'était presque toujours en fin d'après-midi. Elle demandait comme une faveur la permission de m'emmener un moment chez elle. Je surgissais souvent du même coin d'ombre ; elle avait dû le remarquer.

Mademoiselle Léonie était certainement âgée puisqu'elle était vêtue comme toutes les grands-mères. Je la revois, grande - dans mes souvenirs, tout le monde était grand - mince, légèrement voûtée, un peu penchée sur un côté, sa longue jupe noire qui se balançait lorsqu'elle marchait, le caraco froncé à la taille, la courte pèlerine tricotée, les mitaines de l'hiver qui tenaient les mains chaudes tout en laissant les doigts libres pour travailler à un ouvrage et la toque de velours noir, celle de tous les jours un peu fanée. Celle du dimanche qu'elle mettait aussi pour se rendre à la première messe certains matins avait plus de tenue, de volume et elle était d'un noir plus vif.

Par modestie sans doute, mademoiselle Léonie ne se regardait pas dans une glace pour poser sa toque sur sa tête et, qu'elle soit du dimanche ou de tous les jours, la coiffe était parfois un tout petit peu penchée sur le côté mais personne n'était assez familier avec mademoiselle Léonie pour le lui dire, de sorte que, si la toque penchait, c'était jusqu'au soir.

Elle avait un visage lisse et frais, un regard affable, un peu timide. Elle parlait par petits mots, petites phrases. À la voir, à l'entendre, on devinait qu'elle avait dû être tout au long de sa vie, effacée, silencieuse, mais aussi, attentive et dévouée, par devoir et par affection.

La porte de communication bien refermée, nous allions dans son univers, parmi les souvenirs doucement vivants de son frère le doyen. J'étais habituée à un logis simple, peut-être terne, ne contenant que l'indispensable. Chez mademoiselle Léonie, je retrouvais à chaque visite, les couleurs somptueuses, les rouges et les ors des grandes fêtes liturgiques.

Au-dessus de la cheminée, devant un haut miroir, le Christ sur sa croix penchait douloureusement sa tête sur son épaule, son regard tombé sur moi. Face à la lumière des fenêtres, de ma petite taille je le voyais dressé comme sur un mont devant un profond paysage de ciel et d'eau traversé, animé soudain par le reflet du vol d'un oiseau passé en face au-dessus de la placette.

Tout était beau : les grands candélabres, le bois noir des chaises aux sièges en velours rouge, alignées devant le lit recouvert d'un dessus blanc fait au crochet ainsi que les têtières des fauteuils qui étaient comme les chaises recouverts de velours. Le prie-Dieu. Des statues de saints étaient posées sur des sellettes, sur des guéridons, à portée des yeux, portée des mains, saints bien moins distants que ceux de l'église. Je pouvais scruter leur regard ; je le trouvais un peu semblable à celui de ma poupée.

Sur une table ronde devant la fenêtre, une belle table en bois brun soigneusement cirée, des livres aux tranches dorées, d'autres plus ordinaires, semblaient attendre monsieur le doyen. Devant la table, une chaise était avancée...

Un prie-Dieu m'était réservé, près de la fenêtre aux beaux jours, devant la cheminée l'hiver, non pas pour m'agenouiller, bien qu'il soit si doux comparé aux bancs de l'église, mais pour m'asseoir. Alors, je connaissais un moment paisible et heureux : je lisais dans l'Almanach du Pèlerin en mangeant une grosse bille de chocolat d'Aiguebelle. Et puis ensuite, je bougeais un peu, beaucoup même, puisque mademoiselle Léonie me disait souvent : "que vous êtes tracassière !" Elle ne m'a jamais tutoyée. À l'école Sainte-Anne, j'ai retrouvé ce vouvoiement quelques années plus tard ; il m'a paru familier alors qu'il aurait dû me surprendre.

Quand approchait l'heure de se quitter, nous faisions ensemble la prière du soir, cette longue et grave prière d'autrefois qui réconcilie avec Dieu avant le repos de la nuit et qui rappelle doucement que la mort est possible à tout instant.

En quittant mademoiselle Léonie à notre porte, j'étais sage, paisible, j'aurais voulu aller dormir tout de suite et même mourir, tant que je me sentais encore en état de grâce, sachant bien que ça ne pouvait durer.

Plus de treille, plus de fleurs, plus de plantes sur le perron. Les volets sont clos. Mademoiselle Léonie est morte depuis longtemps. Personne n'habite cette maison. La maison est morte aussi.

La "mienne" est habitée. Sur sa façade rétrécie, la grande fenêtre au premier étage, paraît encore plus grande, disproportionnée. La porte vitrée au dessous a aussi été réduite. Elle est entr'ouverte, mais je ne rencontrerai pas là quelqu'un de ma famille puisque cette maison ne nous appartenait pas. Elle m'apparaît sévère et triste comme autrefois. Je n'y ai pas de souvenir heureux. Je l'ai quittée quelques jours seulement après la mort de mon père. On m'a emmenée, surtout pour me séparer d'Antoinette qui elle aussi a dû quitter cette maison. Je n'y suis donc plus jamais retournée.

Le dernier souvenir est celui du cercueil de mon père posé sur des tréteaux dans la pièce d'entrée au rez-de-chaussée, cette pièce sur laquelle la porte est entr'ouverte en ce moment. Je me souviens du passage de gens de la ville et des environs que je n'avais jamais vu entrer ainsi chez nous. Je me souviens de l'odeur du bois du cercueil et de la branchette de buis posée sur une soucoupe d'eau bénite. Je me souviens du vide dans la pièce au retour du cimetière, mais toujours l'odeur… après, je ne sais plus. Quand je l'ai quittée, la maison, je ne savais sans doute pas que je n'allais plus y revenir. Plus jamais. On avait dû me raconter quelque chose… la curiosité, le goût pour la nouveauté, pouvaient en ces jours-là parfois l'emporter sur mon angoisse. Pendant un moment.

Le regard braqué sur ma maison, l'esprit aux souvenirs, je n'avais pas encore regardé à gauche, de l'autre côté du carrefour. La maison B. ….?

La maison B. a disparu…! Elle était située à l'angle de la route de Gluges et de la route de Saint-Denis, la première maison au bas du Cap de Ville, face au portail de l'hospice. La maison des B. a disparu tout entière, avec son pigeonnier, son jardin surélevé au-dessus de la route de Gluges, face à notre grange. La maison vivante, active, sonore de voix qui s'exprimaient en français alors que la plupart des adultes de la ville parlaient encore le plus souvent en patois.

À la place de la maison B. , un terrain en friche sur un espèce de tertre. Le carrefour est bizarre, mais, large, vaste… on voit venir… il est urbanisé : passage pour piétons. Quels piétons ? Des "stop" pour les voitures qui descendent du Cap de Ville ou qui veulent essayer d'y monter. Les autres peuvent joyeusement contourner "ma" maison d'ailleurs plus tout à fait entière, ou bien aller frôler en face, ce qui fut la devanture de Justine la modiste.

Il est vrai que la maison des B. , un peu en biais au bas du Cap de Ville, rétrécissait considérablement le passage. Elle n'était pas faite pour survivre à la circulation d'aujourd'hui. Elle empêchait de passer. Peut-être a-t-elle été bousculée un jour, accidentée, abîmée…

Plus de maison B. Pour moi qui l'avais connue bien vivante et en bon état, je ne peux pas l'imaginer à l'état de ruine. Là, disparue, évanouie, soufflée… aucune trace. Y a-t-il eu une maison B. à cet endroit ?

Elle a sûrement existé puisque je suis si bouleversée.

Peut-être fatiguée, privée de toutes les présences, dépossédée du cadre qui me fut familier et que j'avais cru pouvoir retrouver, à un moment propice, j'ai traversé le carrefour pour aller m'asseoir au bas de l'escalier de mademoiselle Léonie. Sur la deuxième marche, comme autrefois, mais sans mademoiselle Léonie, sans personne et j'ai pleuré.

Pleuré, pas seulement à cause de la disparition de la maison B. , ce n'était là que le dernier chagrin survenu, mais à cause de tant d'absences, et des tombes et des volets clos sur de l'ombre et du silence... et tant d'images et de visages perdus à jamais...

Pleuré à m'étouffer... et puis pleuré tranquillement, comme une sorte de prière qui aurait pu être chant de regret et de peine pour tout ce qui disparaît... même pour les pierres.

Il n'y avait personne pour me surprendre, seulement des voitures dont j'ignorais le contenu, j'ai donc pleuré sans mesurer le temps, à satiété. Un peu de colère désespérée mêlée au chagrin avait dû me charger en adrénaline.

Je ne pleurais plus. Je me sentais bien. Je pouvais poursuivre le pèlerinage. Quand j'ai pu voir clair à nouveau, j'ai vu un panneau sur le mur de l'hospice indiquant que c'est la maison de retraite.

De l'autre côté du carrefour face à la maison de mademoiselle Léonie : le Cap de Ville est là, réel, proche, à ma portée. Personne n'en vient. Les voitures sont plus rares à cette heure et d'ailleurs, moins nombreuses vers Saint-Denis. La rue monte, sans ombre. Je suis tentée de repartir vers chez mademoiselle De, refuge récent, mais refuge possible, en passant par le chemin de Sous les Murs. Comme autrefois. Il est tout près, au fond, de la placette ; il part à l'angle de la maison jumelle de celle de mademoiselle Léonie... Je le prenais pour aller à Sainte-Anne et avant, pour revenir de l'école laïque, par un "carraïrou" qui dévalait depuis le Capitani, bien que ce ne soit pas le chemin le plus court et, justement, parce que ce n'était pas le chemin le plus court. On passait dans ce chemin, pour échapper à la ville et ne voir personne.

J'ai donc pensé repartir... je serais revenue dans la soirée. J'avais faim : cela pouvait être une raison pour rentrer, mais je sentais bien que, pas tout à fait inconsciemment, je cherchais à repousser l'échéance. J'avais peur. Peur des rencontres peut-être imminentes, lesquelles ?

En fin d'après-midi quand je reviendrai, les gens sortiront peut-être de chez eux... ne pas les reconnaître sera encore pire que de ne pas les rencontrer, ne pas les voir... il vaut mieux aller tout de suite au Cap de Ville, tant qu'ils sont dedans, occupés à leur repas du dimanche. Et puis, ne pas attendre, aller voir tout de suite la maison de tante Marguerite.

Traverser, remonter la rue. Affronter le soleil, le goudron chaud, la pente, l'angoisse de ne pas savoir vraiment que faire, et ce qu'il faudra dire si... et à qui ?
Plus loin que son portail au bas de la rue, là où il y avait un mur surmonté d'une grille, la maison de retraite s'ouvre largement. Je peux voir un bâtiment moderne construit dans la cour d'accès habituel, celle que les sœurs appelaient la cour d'honneur. Le parterre fleuri autour de la statue de la Vierge a été conservé. Encore un peu plus haut dans la rue, "le pavillon" réservé aux dames d'un certain milieu est toujours là, mais de l'autre côté, sur son autre façade, la cour des balançoires où jouaient les petites filles du patronage entre les séances de couture, de canevas, de chants, de prières est sans doute utilisée autrement.
Sur la droite de la rue, après l'emplacement de la maison des B. , il n'y a plus de jardins cultivés, mais des terrains en friche. À gauche, les volets des deux maisons qui font suite au pavillon de l'hospice sont tous fermés. Et me revient toujours la même interrogation : trop de soleil ? Absence ?
Je suis en attente d'un son humain qui pourrait en venir.

Je me souviens de cette dame à la parole douce, souvent assise près de sa fenêtre ouverte, au rez-de-chaussée de la maison la plus proche. Elle m'avait connue toute petite quand j'étais encore chez tante Marguerite et nous avions refait connaissance après la mort de mon père, quand je venais en vacances au Cap de Ville.

Elle me parlait d'une certaine façon, comme personne d'autre ne le faisait après ma sortie de Sainte-Anne. Ses paroles, jamais superficielles, jamais banales, touchaient à l'essentiel et alors que j'étais plus ou moins ballottée, désorientée, elle me "remettait en moi" et je la quittais, paisible, comme après la grande prière du soir chez mademoiselle Léonie. J'étais heureuse quand, de loin, je voyais sa fenêtre ouverte, ou quand la douceur de l'air me disait qu'elle allait s'ouvrir. Je m'arrêtais alors pour lui dire bonjour... et pour qu'elle me parle. Parfois, elle m'invitait à rentrer.

Un grand portail blanc en bois plein, un haut mur, gardaient la maison secrète, étrangère au quartier. Le portail s'ouvrait sur le gravier d'une cour fleurie devant un grand jardin. Il y avait des sapins qui donnaient une ombre forte, une tonnelle contre un mur dans un angle, des feuillages, des recoins inconnus. Je ne voyais pas où se limitait ce jardin. Il paraissait être très étendu. Il ne ressemblait à aucun autre.

Du patronage des sœurs de l'autre côté du mur mitoyen, quand j'étais sur la balançoire, je m'élançais très haut pour le voir, le voir mieux, autrement, deviner, surprendre quelque chose de nouveau...

L'intérieur de la maison était raffiné, un peu secret aussi, dans une pénombre derrière les volets entr'ouverts seulement, vers le jardin.

Me revient à l'instant, une odeur de violette et de bois ciré.

Un jour, la dame douce n'a plus été là. Sa fenêtre restait fermée, volets clos. La dame douce était morte. J'ai pensé qu'elle ne pouvait pas ne plus être... qu'elle existait autrement et qu'elle aussi veillait sur ceux qu'elle aimait. J'étais certaine d'être parmi ceux-là.

Fermée aussi la maison suivante. Je la connaissais. Pendant les vacances d'été, des enfants de mon âge, deux filles et un garçon venaient chez leur grand-mère. On m'invitait à aller jouer. J'aimais aller chez eux.

Ils parlaient bien, lentement, en articulant comme s'ils réfléchissaient en même temps à ce qu'ils disaient ou allaient dire, alors que moi, je parlais d'abord tellement j'étais heureuse qu'on m'adresse la parole. J'admirais ces enfants que je trouvais différents de ceux d'ici et différents de moi surtout, donc passionnants à regarder et à écouter. Nous passions les heures les plus chaudes des après-midis derrière la haute maison, dans son ombre. Jamais je ne m'ennuyais en leur compagnie ; ils avaient des livres, ils avaient un papa et une maman.

Face au portail de la dame douce, de l'autre côté de la rue, un court raidillon pierreux accède à un chemin au nom étrange: "le Carbon Blanc".

On dirait un chemin de ronde dont il ne resterait que le mur le soutenant au-dessus des terrains en contre-bas.

Face à la ville, de cette longue et étroite promenade surélevée, l'église paraît très proche, son chevet entre ses deux hautes tours obliques, impressionnant, dégagé, au-delà des jardins du bord de ville, là où il n'y a plus de toits qui pourraient le cacher. Passés les temps héroïques, les mâchicoulis au-dessus du grand vitrail central semblent être là pour décorer la muraille.

La surface plane du chevet, le haut clocher flanqué de sa petite tour ronde, cette image de l'église presque trop longue lorsqu'elle est vue de profil est ici ramassée, harmonieuse, belle, chevet et clocher pris ensemble dans un seul regard.

Les touristes devraient pouvoir venir jusqu'au chemin du Carbon Blanc. Les martelais aussi.

Et puis… sur ce chemin à découvert, le ciel est immense et en plein mois d'août, dans le commencement des nuits, on peut regarder passer les plus belles étoiles filantes.

Est-ce toujours vrai ? L'enchantement est-il toujours possible dans le chemin du Carbon Blanc ? Les soirées du mois d'août, ressemblent-elles à celles d'autrefois dans le ciel ?

Je décide de remonter le Cap de Ville en passant sur la gauche de la rue. Peut-être pour faire face aux voitures qui descendent comme c'est recommandé, mais peut-être aussi pour comme dans le temps, passer le plus loin possible de la maison de tante Marguerite.

Si les sœurs nous emmenaient jouer dans le pré de "la Cuvette", un pré creux par suite d'un très ancien effondrement du terrain, un igue, ainsi qu'on le dit en terme géologique, ce pré étant situé tout en haut du Cap de Ville après les dernières maisons, il fallait obligatoirement passer devant chez tante Marguerite. En passant devant la maison, je me cachais derrière la grande jupe bleue de sœur Louise et je lui emboîtais le pas. Je n'étais pourtant pas certaine d'être protégée, puisque un jour d'été, au cours d'un après-midi au patronage, tante Marguerite et sa sœur de Paris, tante Anna ma marraine, sont venues en cachette de mon père mais avec la complicité des religieuses.

Pour que je puisse avoir une allure convenable sur la photo qu'elles voulaient prendre, elles m'avaient retiré mes vêtements et passé une robe de ma cousine. Et puis on me l'avait enlevée. J'étais humiliée. Non pas parce qu'on m'avait enlevé la robe, mais parce qu'on me l'avait mise. Et ensuite, comment garder le secret sur cette visite ?

Quand nous passions devant chez elle, je craignais que tante Marguerite alertée par le bavardage et les rires des enfants en promenade, nous regarde depuis la pénombre de sa cuisine, les volets étant toujours "en tuile", et derrière les volets, la fenêtre était ouverte. J'espérais qu'elle était dans son jardin, de l'autre côté de la maison basse, que la porte n'allait pas s'ouvrir, qu'elle ne viendrait pas m'attraper comme elle l'avait déjà fait.

Pendant les jeux dans le pré, j'oubliais tante Marguerite mais je retrouvais l'angoisse au retour. Peut-être un peu moins forte : j'avais décidé de partir en courant jusque chez moi si tante Marguerite sortait de sa maison. C'était un peu le jeu du loup, cela rappelait le jeu du loup, mais, ce n'était pas le loup. Ce n'était pas un jeu.

Quand j'ai dû aller chez tante Marguerite, l'année de mes onze ans, j'ai compris qu'elle aimait vivre retirée de la rue, tournée vers son jardin et qu'elle ne regardait pas dans l'entrebâillement des volets, mais cela n'avait plus d'importance.

Nous étions en été quand j'y suis allée pour la première fois. Entrée dans la cuisine, sans aucun souvenir de ma toute petite enfance pourtant passée là, mon regard a aussitôt suivi la lumière et j'ai vu, au delà de la chambre qui fait suite à la cuisine, au delà de sa porte vitrée grande ouverte, les larges marches de pierre qui montent vers l'espace ensoleillé du jardin.

Je devais dormir là le soir même, passer des vacances, revenir souvent, peut-être rester longtemps, mais la vision du jardin "en l'air", les feuillages devinés, les herbes fines et les petites fleurs sauvages au bord des pierres, cette vision m'avait réconfortée. Il y avait un jardin contre la maison. Un jardin surélevé comme je les aimais - peut-être parce que j'avais connu celui-ci dès les trois premières années de ma vie. Jardin surélevé, plus que tout autre près du vent et de la lumière et je sentais que j'aurai la permission d'y aller librement.

- Tu aimais le jardin quand tu étais petite… a dit ce jour-là tante Marguerite en suivant mon regard.

Elle aussi l'aimait.

Il avait un puits bâti sur une source - un signe heureux sur la maison disait-elle. Il y avait deux figuiers, celui des figues bleues, celui des figues blanches, dont on guettait la maturité, pour les déguster sur place avant les oiseaux. Les pruniers donnaient de longues prunes violettes. Une petite quantité était mise à sécher au soleil sur une murette bien exposée, dans une claie ronde, à portée de main, tentantes avant d'être sèches.

Tante Marguerite faisait aussi des confitures. C'était là une occupation pour plusieurs jours : enlever les noyaux, laisser macérer les fruits avec le sucre, les cuire au feu de bois dans le "bandelou" en cuivre en remuant souvent, écumer la surface bouillonnante et puis, laisser refroidir la confiture avant de remplir les pots qu'il avait aussi fallu préparer. On les remplissait avec une petite louche qui ne servait qu'à ça. Une goutte parfois tombait au long du pot, rattrapée par un doigt et goûtée encore tiède, plus claire que la masse. Découvrir la couleur de la confiture hors du bandelou, embellie encore par la transparence et le brillant du verre, était un vrai plaisir qui nous donnait le sourire à toutes les deux.

Les pots restés alignés, groupés sur la table de la cuisine attendaient ensuite le rond de papier sulfurisé trempé dans l'eau-de-vie et puis le rond plus grand, plissé comme un bonnet tuyauté et serré par une fine cordelette. On les placerait enfin - la petite tante grimpée sur une chaise et plus tard moi quand j'ai été plus grande qu'elle - sur le dessus d'une large armoire dans la chambre, les anciens, ceux qui restaient des années précédentes, placés devant pour être consommés d'abord.

Les confitures qui avaient quelques années étaient les plus délicieuses : elles s'étaient tassées, concentrées, leur sucre s'était légèrement cristallisé sur le dessus.

À la saison, et sans doute parce que j'étais chez elle, tante Marguerite faisait chaque semaine le gâteau de prunes. Elle le faisait à l'âtre, dans sa tourtière en fonte, "feu dessus, feu dessous" disait-elle, la tourtière devant le foyer sur la braise et de la braise aussi sur le lourd couvercle à rebord… Le gâteau de prunes était fait par Marguerite comme elle l'avait vu faire par sa mère.

Tante Marguerite aimait faire la cuisine à l'âtre et elle savait la faire. Était installée près de sa cheminée, la cuisinière blanche qui venait de chez moi après le partage avec Antoinette ; elle ne s'en est jamais servie. Après des années de cuisine parisienne, elle avait retrouvé "son" feu.

Faire le gâteau de prunes prenait tout un après-midi.

Il fallait entretenir le feu pour avoir une braise souvent renouvelée, toujours vive. Il y avait eu la préparation des prunes, de la pâte. La cuisson était lente - trop lente me semblait-il - Le gâteau cuit à point (la surveillance avait été constante), gonflé, doré, il fallait attendre qu'il soit tiède pour le sortir de la tourtière, opération délicate lorsque le jus des prunes avait coulé et s'était caramélisé autour du gâteau. Enfin, il fallait attendre qu'il soit tout à fait froid pour en manger : "il te fera mal au ventre si tu le manges chaud !" et puis, on devait manger d'abord la soupe parce qu'on était arrivé au soir.

Depuis la fin d'après-midi, une odeur de pâte en train de cuire, de fruit chaud avait envahi la maison, le jardin, la rue... et attiré le vol doré de quelques abeilles.

Le poirier était dans le jardin, l'arbre le plus haut, le dominant, le premier à recevoir le soleil et la pluie. Il donnait des poires de bonne taille, d'un beau jaune lisse, à la chair parfumée et fine, fondante. Chaque jour on surveillait leur maturité afin de les cueillir à point. C'était tante Marguerite qui regardait, debout sous l'arbre, une main protégeant ses yeux de la trop vive lumière. Elle avait repéré tous les fruits et selon leur grosseur, leur couleur, elle savait s'ils étaient bons pour la cueillette.

Les premières poires mûres étaient dans les plus hautes branches et on allait les chercher à l'aide d'un long piquet fendu à son extrémité. Il fallait saisir la queue de la poire dans la fente du bois, tourner légèrement pour la détacher de la branche et délicatement, l'amener jusqu'à tante Marguerite qui tendait son tablier pour la recevoir, la regarder enfin de près avant de la mettre dans le panier. Et on recommençait. Pendant toute l'opération, Marguerite avait bégayé des recommandations, nerveuse et inquiète de crainte que la poire trop mûre se détache de sa queue, tombe, soit meurtrie, ou bien qu'elle tombe parce que j'aurais raté la manœuvre, ce qui pouvait arriver quand le fou rire me prenait.

Il y avait aussi des légumes bien sûr, tous les légumes courants cultivés dans tous les jardins. Chaque matin, dès qu'elle était debout, tante Marguerite montait visiter ses plantes, percevoir leurs progrès d'un jour à l'autre, mais elle prenait son vieux couteau pour trucider les limaces et enlever les mauvaises herbes poussées sans sa permission.

Il y avait aussi des fleurs au bord des allées, surtout vers la maison. Je retrouve l'odeur des petits œillets rose pâle. Je me souviens des miraculeux perce-neiges.

Il n'y avait pas de fleurs à cueillir pour les rentrer à la maison. C'était nous qui allions les regarder au jardin.

***

Tante Marguerite aimait ce jardin dans lequel elle vivait en dehors de la ville, mais tout près de la ville, d'où on voyait sur le côté, au delà du terrain voisin, au delà du Carbon Blanc, la grande église veiller. Face à la maison, au large du jardin, c'était l'étendue verte et bleue des vignes dont on devinait à peine le grillage de séparation. Un grand noyer dans la vigne la plus proche et dans le noyer, les cigales de l'été.

Après les longs mois, les années de dépaysement à Paris, à sa retraite, tante Marguerite avait retrouvé son univers et ses habitudes qui remontaient à sa jeunesse et qu'elle ne voulait pas changer.

Elle aimait cette maison que ses parents la lui avaient donnée. Ils la lui avaient donnée, parce qu'elle était leur fille aînée, mais surtout par reconnaissance : elle avait aidé à élever ses frères et sœurs et pris soin de ses parents lorsqu'ils avaient vieilli.

Mon père était resté seul garçon, il y avait cinq filles, mais Marguerite se souvenait d'un petit frère Élie mort en bas âge et surtout d'une petite sœur Céline morte à trois ans et les larmes lui venaient aux yeux.

En ce temps là, beaucoup d'enfants mouraient du croup : la diphtérie.

Elle me parlait, nous parlions durant les après-midis, assises à l'ombre dans la courette en creux, entre la porte de la chambre et l'escalier qui monte au jardin, adossées à nos chaises basses, les pieds sur la première marche, le regard souvent levé jusqu'aux légères fleurs les plus proches du bord, qui prenaient toute leur importance vues ainsi à contre-ciel.

Tante Marguerite posait son ouvrage sur ses genoux quand elle voulait parler de choses qui lui tenaient à cœur et moi aussi je posais mon ouvrage. C'est dans ces moments-là qu'elle regardait là-haut vers le jardin et moi, je regardais son visage.

Il était mat comme celui de mon père, ridé, mais on devinait la finesse d'antan et les yeux bruns étaient vifs dans le rire ou dans la colère, mais avec une fugitive lueur d'angoisse lorsque sous le coup d'une émotion elle se mettait à bégayer.

Sa tête était petite et fine, ses cheveux coiffés avec un chignon étaient restés très bruns sur le dessus, mais ils étaient blancs sur ses tempes. Pas de cheveux gris, pas de nuance intermédiaire, cheveux noirs et cheveux blancs. Je la regardais parfois se peigner, debout au milieu de la chambre, penchée en avant, sa longue chevelure ramenée devant son visage pour être peignée soigneusement, longuement et puis relevée, rassemblée dans sa main pour faire un chignon bien serré, maintenu par des épingles qu'elle avait tenues dans sa bouche.

Quand je la regardais ainsi, elle me désignait du menton - les mains étaient prises - son portrait sur le mur à la tête de son lit, pour que je voie bien sa coiffure du temps où elle était jeune, toujours avec un chignon, mais abondante, gonflée, bouffante.

Je lui trouvais un air triste sur ce portrait, photographie agrandie de la tête et du buste, un petit bouquet sur le corsage et je le lui disais. Elle me répondait :

- Mais non je n'étais pas triste, j'étais de mauvaise humeur. Ma patronne voulait me faire photographier et moi j'avais du repassage à faire.

Les fleurs sur son corsage étaient des violettes.

Quand nous étions assises dans la courette, tante Marguerite m'avait raconté que plusieurs fois - elle était encore toute jeune - on l'avait demandée en mariage, mais sa mère lui avait dit : "reste encore un peu Marguerite, tu vois bien qu'on a besoin de toi…"

Elle était restée et les années avaient passé.

Elle racontait sans aucune amertume. Elle m'avait cité quelques noms de soupirants que je connaissais. La confidence se terminait en éclats de rire. Marguerite disait : "tu vois ce vieux chez moi ?"

Elle m'avait raconté aussi que la maman Bélis, c'était ainsi qu'elle la nommait pour moi en prononçant Belli, avait dit quand mon père est parti pour la guerre : "si mon fils est blessé, je sens que j'en mourrai…" Elle est morte dès 1914, quelque temps après son départ, avant même qu'il soit blessé. Le grand-père était mort en 1911.

Elle avait dit aussi à Marguerite qu'elle avait épousé Pierre Bélis parce qu'il était beau. J'avais compris alors que le grand-père et la grand-mère morts avaient été jeunes.

Grâce aux récits de tante Marguerite, j'ai par la suite, souvent pensé à cette grand-mère que je n'avais pas connue, qui avait un savoir-faire que sa fille admirait encore. Marguerite me racontait sa façon de faire la cuisine et de savoir tirer parti de ce qu'elle avait. Elle racontait aussi les veillées prolongées tard dans la nuit devant le feu. Toutes les deux cousaient, raccommodaient, tricotaient pour toute la famille en chuchotant seulement de temps en temps pour ne pas réveiller la maisonnée.

Il y avait encore dans le grenier de tante Marguerite, le petit berceau en bois fait par le père, de telle façon que la maman puisse bercer l'enfant avec un pied, sans interrompre son travail.

Quand mes enfants étaient petits et la tache matérielle lourde, il m'est arrivé de veiller très tard, de reprendre courage en pensant à elle, mais sans une Marguerite et sans la compagnie d'un feu.

À des moments d'angoisse près d'un enfant malade, j'ai pensé encore à elle qui avait vu mourir plusieurs des siens. Pensé à elle aussi pendant les grossesses, imaginant que les siennes avaient dû être vécues avec inquiétude et les accouchements avec certains risques.

Tante Marguerite avait pris soin de la maison. Avec ses économies de bonne à tout faire, elle l'avait faite réparer, améliorer, moderniser. Elle avait fait installer l'électricité.

Une pièce attenante à la cuisine servait encore de cave, de débarras, mais elle était destinée à devenir une chambre ; elle avait déjà sa fenêtre sur la rue. Cette fenêtre avait remplacé la porte de ce qui fut l'atelier de son père. Il travaillait le bois, tard quelquefois lui aussi. Mon père avait appris avec lui, avant d'aller faire son apprentissage de couvreur chez un oncle à Souillac. Le grand-père qui avait été feuillardier, transformait dans son atelier les coupes de bois, mais lui n'avait pas encore de machine, que ses bras et des outils.

Une autre chambre serait faite, mansardée celle-là au grenier sous le pignon. Là aussi il y avait déjà la fenêtre qui s'ouvrait sur le jardin et recevait le soleil du matin. J'espérais que ce serait ma chambre.

Tante Marguerite parlait de ses projets pour la maison, comme on parle en rêvant et elle souriait car elle les voyait réalisés.

Avant d'arriver à la maison basse de tante Marguerite, il y a une maison à étage. Elle paraît habitée. Le grand terrain d'herbe et d'arbres s'étend jusqu'au Carbon Blanc.
Pauline, "la Pauline" y demeurait autrefois. Depuis le bas du Cap de Ville, on pouvait entendre par-dessus les jardins, sa voix fortement timbrée. Une voix de maîtresse femme, alors qu'on n'entendait guère celle de Tonin, Antonin son mari. Une fois veuve, à peu près seule, la Pauline avait mal vieilli, avait perdu le goût de vivre…peu à peu recluse dans sa maison. Si parfois elle venait encore errer dans son jardin en contre-bas du nôtre, tante Marguerite lui parlait par-dessus la murette, mais elle répondait à peine ; et puis on ne l'a plus vue dans le jardin, mais elle venait devant, sur la rue, sans faire aucun bruit, tout à coup elle était là, elle regardait chez nous entre les volets. Dès qu'elle savait qu'on l'avait vue, elle filait chez elle en courant avec une agilité incroyable, comique à faire pleurer.
"Fais comme si tu ne l'avais pas vue" me disait tante Marguerite à voix très basse, mais c'était plus fort que moi, il fallait que je la regarde. Pourtant, le regard fixe, fou de cette vieille femme en plein déclin de l'esprit me faisait peur. Peu à peu, ses vêtements qu'elle ne quittait peut-être jamais étaient en haillons. Sans cesse, elle ramenait ses mains sous sa vieille pèlerine comme si elle avait froid. Mais, contre le visage amaigri, fripé, abîmé qu'elle ne lavait plus, sous ses cheveux grisâtres qu'elle ne démêlait plus, ses boucles d'oreille, deux anneaux d'or, étaient intactes. Elle les avait certainement depuis sa jeunesse.
Qu'aurait-il fallu faire pour sauver, sauvegarder la Pauline ? Comprendre d'abord qu'elle était malade… la soigner malgré elle ? Elle n'aurait pas voulu quitter sa maison… sa fille unique était morte depuis plusieurs années, son gendre lui apportait

quelques provisions. Tante Marguerite sa plus proche voisine lui donnait-elle à manger parfois ?

La Pauline est restée libre dans sa démence, libre de se détacher lentement de sa vie. On l'a trouvée morte un jour dans sa maison à l'abandon, morte seule. Peut-être depuis plusieurs jours.

Une toute petite maison basse entre la maison de Pauline et celle de tante Marguerite était autrefois la maison de célibataire de mon père. Après la mort de ma mère, délaissant la maison de la rue Porte Pinche, il y était revenu. Près de moi et de tante Marguerite.

Je me suis demandée parfois s'il pouvait m'aimer dans les premiers mois alors que ma naissance venait de coûter la vie à ma mère. Moi j'étais là, elle n'y était plus. Et puis j'étais une fille. Les hommes ne s'intéressaient guère aux bébés à cette époque. Une fille... un garçon l'aurait continué, il serait devenu plus tard son apprenti ; un fils l'aurait remis en route vers un avenir précis, tracé...

Et pourtant, dès qu'il a eu à nouveau un foyer, indispensable à cet homme qui ne s'occupait que de son métier, il m'a ramenée rue Porte Pinche alors que tante Marguerite voulait me garder.

Mon père ne s'occupait pas des "affaires" de la maison. Il faisait confiance à Antoinette pour la maison et pour moi. Pour la maison il pouvait.

Je le voyais peu dans la semaine. Pas assez. Quand il était là, je le regardais sans cesse. Pendant les repas, jusqu'à ce qu'il referme son couteau (peut-être un couteau suisse à plusieurs lames) au manche rouge brique. J'étais derrière lui le dimanche quand il se rasait face au jour devant la petite glace accrochée au montant de la fenêtre de la cuisine : il se retournait d'un coup et d'un geste vif, me passait sur le nez le blaireau plein de savon mousseux. Je me souviens de l'odeur de son savon à barbe... et de son rire et de ses yeux et de la mousse blanche sur son visage... Comme à l'atelier lorsqu'il était devant la scie, je ne bougeais pas quand il raclait la barbe avec le rasoir mécanique. Après s'être lavé, essuyé, il se penchait vers moi : "tu étrennes...?" et il me tendait sa joue. Sa peau du dimanche matin sentait bon. Elle était douce.

J'aimais aller le rejoindre quand il était à l'atelier, j'aimais aussi aller l'attendre sur une route avec Antoinette aux soirs de beaux jours lorsqu'il revenait de travailler à la campagne. Quand il revenait par la route de Gluges. Nous marchions lentement, Antoinette tricotait en marchant, mais je pouvais courir un peu et sauter sur les bas-côtés, "comme une chèvre" disait Antoinette.

Apercevoir la charrette au loin, entendre se rapprocher le bruit des roues et les pas réguliers du petit âne et le grelot de son licol était un bonheur, une joie immédiate. Mon père nous faisait monter près de lui, moi au milieu, l'âne recommençait à trottiner, nous avions l'air de rentrer d'un voyage heureux.

Nous ne nous parlions pas beaucoup, nous nous regardions beaucoup. Je me demandais à quoi il pensait quand il me regardait ainsi. Il me semblait bien que son regard était triste. Alors, je cessais de le regarder.

J'ai aimé qu'il reste à la maison pendant cet hiver là... Je ne savais pas qu'il allait mourir et que c'était notre dernier hiver.

Quand il se levait encore, qu'il s'était habillé, qu'il marchait dans la chambre ou dans la cuisine, j'entendais son pas inhabituel, nouveau, parce qu'il était en pantoufles et le frottement presque sifflant de son pantalon en velours brun. Il avait posé le mètre qu'il portait habituellement dans la poche longue et étroite sur la jambe de ce pantalon dit de charpentier.

Le feu restait allumé dans la petite cheminée de la chambre. La table ronde avait un tapis à franges bleu et blanc. Je n'allais plus "au coin" au bas de l'escalier du grenier. C'était comme si je n'y étais jamais allée. Je faisais mes devoirs près de lui. Il m'avait appris à jouer au jeu de l'oie et aux dames. Il me parlait, lentement, doucement, de l'avenir.

Il m'a dit que, quand je serai grande, je rentrerai aux P.T.T. et je ferai ses factures pour les clients. Mais pour entrer aux P.T.T, "dans les Postes", je devais savoir les départements, tous les départements avec leurs préfectures et leurs sous-préfectures et pour les factures, il fallait savoir toutes les tables de multiplication et faire les additions avec les chiffres bien posés les uns au dessous des autres et ne pas oublier les retenues. Cette vision de l'avenir me ravissait ; d'abord parce que projetée ainsi, je le voyais guéri et puis, c'était déjà comme si je les savais les départements et les tables de multiplication ! Il me parlait de l'avenir. Pas du présent.

Quand on l'a emmené à l'hôpital de Cahors, j'étais à l'école. La maison restait vide, le feu éteint dans la chambre. J'entendais encore gémir comme dans les jours précédents.

Antoinette pleurait souvent et j'ai compris que je l'aimais elle aussi, mais je voulais que mon père revienne vite.

Je vois l'ombre en bande étroite suivre toute la longueur de la maison, sur le bord cimenté que tante Marguerite avait fait faire pour faciliter l'écoulement des eaux de la pente. La bordure est nette d'un bout à l'autre de la maison, nue, il me semble qu'il manque quelque chose...La pierre ! La pierre du grand-père ! La grosse pierre ronde à côté de la porte n'y est plus...On l'a peut-être emportée dans le jardin puisqu'on ne peut plus s'asseoir devant les portes, ni dans la ville et encore moins au bord d'une rue qui est un début de route. Tante Marguerite m'avait dit que le grand-père aimait venir s'asseoir sur cette pierre aux soirs d'été. C'était lui qui l'avait placée là.

Elle était devenue notre pierre à tante Marguerite et à moi. Je pouvais m'y asseoir à toute heure, quand j'avais envie de regarder ce qui se passait dans la rue et même s'il ne s'y passait rien. Tante Marguerite y venait le soir et moi j'étais assise près d'elle, sur le rebord de la porte ouverte. Elle me demandait de chanter toutes les chansons apprises à l'école. J'ai essayé un jour les chansons apprises à Saint-Céré, le soir au dortoir quand les plus douées nous les chantaient avant que la surveillante vienne se coucher. C'étaient des chansons à la mode, des chansons d'amour... je ne les avais osées que timidement au début... pas sûre d'avoir l'âge et par crainte que tante Marguerite me le fasse remarquer. Quand le soir tombait, je ne voyais plus son visage, mais je sentais qu'elle était attentive, peut-être émue, j'étais étonnée de la trouver si sensible à ces romances et je les chantais pour elle de tout mon cœur, fière d'être appréciée à ces moments-là. Le soir ajoutait un charme.

La fenêtre de la cuisine a été élargie en baie, elle a des persiennes marron qui sont repliées, des rideaux blancs, des fleurs sur le bord... Si cette pièce est toujours la cuisine, s'ils sont dans la cuisine, ils vont me voir et se demander pourquoi je regarde vers chez eux avec tant d'insistance. Je tourne la tête de l'autre côté, je me détourne comme si cela pouvait me dissimuler. J'oublie qu'après tant d'années, mon âge et mon apparence ne sont plus les mêmes et qu'il est difficile de me reconnaître surtout quand on ne s'attend pas à me voir.

De l'autre côté de la rue, en face, au fond d'une grande cour bordée par un petit mur, le long bâtiment qui était la grange de l'hospice est toujours là, mais il a été transformé en maison d'habitation rustique. En la voyant, on pense qu'elle est faite pour des vacances. Quand on ne connaît pas les habitants, on peut ainsi saisir en un premier regard, "l'air" d'une maison.

Je me souviens du cheval blanc-gris habillé de noir bordé d'argent attelé au corbillard, et de Jules qui s'occupait de lui, pas plus bavard que lui et qui le conduisait. On les rencontrait aussi, Jules en "tous les jours" et le cheval sans habits, dans la ville où ils faisaient la voirie avec un tombereau.

Passée la large fenêtre de la cuisine ! Je suis consciente d'avoir eu peur que quelqu'un ouvre brusquement la porte, sorte, vienne vers moi… c'est stupide. Mais je continue tout de même à regarder la maison, je voudrais tout voir, tout remarquer, tout retenir… Après la porte - ce n'est plus l'ancienne - , deux fenêtres à la suite, les rideaux blancs, les fleurs rouges… Quelqu'un vit là. Y demeure.

À la place du hangar d'autrefois qui abritait quelques poules et des lapins, une nouvelle maison à un étage a été construite attenante à la maison basse. Est-ce une maison indépendante de celle de tante Marguerite bien qu'elle soit dans son prolongement ? Y a-t-il une communication entre les deux ? Mêmes fenêtres encadrées de blanc, mêmes volets marron. Si cette maison fait suite, celle d'autrefois a été considérablement agrandie, bien au delà des projets et des rêves de tante Marguerite ; ce n'est pas elle qui a pu faire faire toutes ces transformations. Ont-elles été faites après sa mort ? Ou bien "de son vivant" comme on le dit chez les notaires ? Quelqu'un de plus fortuné qu'elle aura pris la maison en charge, peut-être en héritage. Les parisiens sans doute… Tante Marguerite les appelait ainsi, l'oncle, la tante Anna et leur fille Eliette de deux ans plus jeune que moi.

Marguerite était l'aînée de la famille et Anna était la plus jeune. Les autres sœurs qui avaient quitté Martel très tôt étaient déjà mortes ou vivaient au loin. Il y avait une assez grande différence d'âge entre Marguerite et Anna, mais un lien très fort les unissait sans qu'elles s'en rendent compte. Quelques nuages parfois, comme cela peut arriver entre sœurs, pouvaient embrumer leurs relations, mais chacune ayant son franc-parler, elles s'expliquaient vivement et ne gardaient pas de rancœur.

Anna, plus jeune et plus évoluée que Marguerite avait beaucoup d'influence sur elle. Elle a toujours veillé sur sa sœur, surtout quand elle a été âgée.

Les deux sœurs s'écrivaient régulièrement. Tante Marguerite avait très peu fréquenté l'école. Elle lisait d'une façon touchante, appliquée, lentement, à mi-voix, arrêtant sa lecture pour commenter, commentaire toujours original, très personnel, souvent drôle.

À sa manière, elle savait écrire. Phonétiquement. En se disant tout bas les mots, parfois les syllabes, pour les reconnaître et puis les coincer, les maîtriser avant de les écrire. Elle savait ce qu'elle voulait dire et elle parvenait toujours à l'écrire, sans s'occuper ou se préoccuper de l'orthographe. Ce n'était pas académique, mais c'était écrit et déchiffrable, compréhensible. Il y avait message.

Il lui fallait tout un après-midi pour écrire à Anna. Sa main un peu déformée, durcie par les travaux du jardin était malhabile pour tenir et diriger le mince porte-plume. Les lettres, les syllabes, parfois s'accrochaient mal dans les mots et les mots, tantôt plus haut, tantôt plus bas rataient souvent la ligne. Et puis, elle raturait beaucoup : quand le mot écrit ne correspondait pas exactement à ce qu'elle avait voulu dire. Si les lettres n'étaient pas conformes aux sons du langage, Marguerite se fâchait - je l'ai souvent entendue dire les gros mots qui m'étaient interdits - elle trempait sa plume dans l'encre violette du petit encrier carré et elle biffait d'un trait appuyé.

Quand j'étais près d'elle à leur arrivée, tante Marguerite me disait ce que contenaient les lettres de tante Anna. Un jour, en lisant une de ces lettres, elle a été prise d'un fou rire qui n'en finissait plus ; Anna lui demandait comment on appelait une araignée en patois, elle ne s'en souvenait plus, il lui fallait une réponse rapide parce qu'elle ne cessait pas d'y penser, elle cherchait et elle ne trouvait pas. "Ouno logno !" Toutes affaires cessantes, Marguerite a répondu, mais elle n'a pas osé l'écrire en patois. Pour elle, seul le français, langue noble, pouvait être écrit, alors elle a mis : une logne.

Entre elles, Anna et Marguerite se parlaient en patois comme au temps de leur enfance, mais à Paris, Anna ne le pratiquait pas : l'oncle était breton. Elle revenait souvent à Martel voir Marguerite pendant quelques jours et les conversations n'en finissaient pas. Les conversations et les rires.

Tante Marguerite m'avait écrit quelquefois à Saint-Céré. À la distribution du courrier, j'avais honte que la surveillante voie cette enveloppe à l'écriture malhabile sur l'adresse et je la retournais pour que mes camarades ne la voient pas, mais "Marguerite Bélis au Cap de Ville", s'étalait en grosses lettres sur toute la longueur au dos de l'enveloppe. Une fois la lettre déchiffrée - il y avait toujours quelque reproche qui justifiait quelques recommandations - le contenu de la lettre étant connu, à cause des recommandations et à cause de l'écriture, elle partait dans le trou des cabinets de la cour de récréation.

Plus tard, bien plus tard, j'ai eu honte d'avoir eu honte et j'ai regretté d'avoir jeté les lettres de tante Marguerite qui témoignaient d'un tel entêtement à dire.

Aucun bruit de vie ne vient de la maison. Aucun son de voix ne vient du jardin. Il n'y a plus les volets en bois d'autrefois mis en tuile à la fenêtre de la cuisine ouverte sur un clair-obscur de plus en plus léger jusqu'à la lumière venue du jardin.

Je pense à nouveau à la Pauline qui s'avançait, la tête entre les volets pour nous regarder vivre. J'aurais voulu pouvoir en faire autant, là, tout de suite.

J'essaie d'imaginer, de deviner, de trouver, qui est ici, à quelques pas, mais de l'autre côté d'un mur... percé pourtant d'une porte et de deux fenêtres. Qui de la famille ? Peut-être ma cousine qui s'est mariée à la même époque que moi.
Je réalise que l'oncle et la tante de Paris, qui seraient très âgés ne sont sans doute plus de ce monde. Ce sont eux surtout que j'aurais redouté de rencontrer, parce que c'est avec eux qu'il y

avait eu conflit et pourtant, j'aurais aimé les revoir, maintenant, en adulte, ma vie accomplie. Affirmée sans leur aide.

Je pourrais aller frapper à la porte. Dire qui je suis... je sens bien que c'est impossible. Pas aujourd'hui, pas tout de suite. Cette maison semblable à l'ancienne mais différente, paraît être un mirage sous le soleil au plus haut du jour. Même vertige, même trouble... comme devant ce visage ce matin à la messe.

La maison a rajeuni.

Quels qu'en soient les propriétaires actuels, je suis une étrangère devant cette maison, je suis dépossédée, non pas du bien matériel, mais des souvenirs racontés et de mes propres souvenirs. Il n'y a peut-être plus personne pour raconter... et les objets-témoins, sont-ils encore là ? Ont-ils été déplacés comme la pierre du grand-père, emportés, disséminés, détruits ?

Je suis quand même heureuse de voir cette maison entretenue, embellie, contemporaine, destinée à durer, à survivre.

***

Que faire...? Demi-tour ! Redescendre vers le carrefour et prendre le chemin de Sous les Murs en espérant qu'il est toujours aussi solitaire, aussi merveilleusement désert qu'autrefois. J'ai envie de me retrouver seule. Seule je le suis, mais je veux être seule dans un abri, hors d'atteinte, hors de rencontre, revenue vers la maison de mademoiselle De, dans la cuisine à l'ancienne entre les deux jardins, à l'autre bout de la ville, là où je n'ai jamais vécu, un lieu paisible, sans souvenirs. Sans chagrin.

Avant de faire demi-tour, j'aurais pu malgré le soleil achever de monter jusqu'aux dernières maisons du Cap de Ville ; je ne le fais pas. Je crains de trouver, ou des ruines, ou des maisons trop neuves.

En faisant demi-tour, je prends le risque de passer à nouveau devant la large fenêtre aux persiennes repliées. J'ai l'air d'être une rôdeuse. Depuis mon arrivée, je suis une rôdeuse.

La maison étant dépassée, laissée comme une vision incertaine, je peux m'en éloigner sans regarder en arrière. Rien n'a bougé, je laisse du calme. C'est moi qui dérive.

Il me semble cependant qu'une angoisse s'apaise. Parce que l'aventure est remise à plus tard, un autre jour, quand j'aurai rencontré quelqu'un qui pourra me dire qui demeure dans la maison de tante Marguerite.

En redescendant vers le carrefour, face au soleil, je mets une main au-dessus de mes yeux pour me protéger et voir sans être éblouie. Je me souviens de tante Marguerite faisant ce même geste. L'espace d'un instant, je suis elle...

Depuis le bas du Cap de Ville, je vois de face la maison de mademoiselle Léonie, réduite à un essentiel minéral, sans la verdure de sa treille, sans les fleurs sur les marches, volets clos juste un peu plus gris que la pierre de la façade. La maison paraît desséchée, sans plus rien de vivant.

J'aperçois un banc sous le mur de l'escalier. Je ne l'ai pas vu tout à l'heure, dans ma hâte à rejoindre la marche qui m'avait été familière.

Ce banc est sans doute destiné aux pensionnaires de la maison de retraite qui auraient réussi la traversée du carrefour. Destiné aussi aux passants fatigués ? Je suis une passante fatiguée, mais je résiste à la tentation de m'asseoir à l'ombre de la maison. Pourquoi m'attarder à contempler ce carrefour comme si je pouvais voir apparaître la maison des B. et si près de celle de tante Marguerite, bien réelle mais inaccessible.

Je passe au bas de la maison jumelle de celle de mademoiselle Léonie, elle paraît habitée, mais à son premier étage, loin de moi qui frôle la première marche de l'escalier en regrettant le tambour, la trompette, les vélos, le camion vert, le chien gris...
Le chemin de Sous les Murs s'en va sous le soleil.

Surprise ! Ce n'est plus un chemin, il est goudronné et sa longue perspective paraît changée. Plus de ronces, plus d'orties, il est aussi plus large. Il a moins de mystère et comme la maison de tante Marguerite, comme le carrefour, il a pris un air contemporain. Une voiture immatriculée en Grande-Bretagne attend, peut-être devant chez elle. Un banc devant la muraille qui borde les jardins, une petite maison neuve sur la gauche mais en contre-bas, toujours les terres, les prés, les noyers de l'ancienne ferme des B. C'est toujours une ferme ; une vache meugle comme si elle appelait, une poule chante comme si elle venait de pondre. Ce sont des bruits immédiatement reconnus, familiers. Insolites sont les bruits de fond, ceux de la circulation sur les routes proches. Il manque, le bêlement des brebis dans leur parc, les voix d'enfants des agneaux de printemps, le chant clair d'un marteau sur de l'acier quand il y avait un forgeron tout près rue Porte Pinche.

Au niveau du deuxième jardin, je m'approche et je regarde à droite au fond, la façade de la plus haute maison : une grande fenêtre grillagée, sans volets n'a pas changé. C'est à l'arrière de notre maison de la rue Porte Pinche, la fenêtre de la cuisine.

Le chemin de Sous les Murs s'en va tout droit, loin. Si quelqu'un venait, je le verrais tout de suite. Je souhaite que quelqu'un vienne, je le redoute, quand on se rencontre dans ce chemin, on est bien obligé de dire au moins bonjour… et même quelques mots. Ce n'est pas un endroit fréquenté par les touristes, il n'y a que les gens du pays qui passent sur ce chemin un peu secret, marginal de la ville… et encore, pas tous. Mademoiselle De n'est peut-être jamais venue par ici.

On va se douter que je suis du pays si je fais une rencontre, on va peut-être me demander de chez qui je suis… Je guette au loin l'apparition d'un point noir qui grandirait en se rapprochant et deviendrait silhouette. Personne.

À droite, bordant le chemin, la muraille et ses portes et portillons de fonds de jardins et puis… une brèche. Je reconnais l'emplacement de l'ancien jardin du presbytère. À l'entrée de la brèche, un large mur cassé vestige de rempart et… une vue saisissante de l'église soudain proche sans que j'aie pu le prévoir, cet endroit étant autrefois fermé.

L'église, tout près à vol d'oiseau, vue dans toute sa grandeur, sa hauteur, surgie du même plan que le chemin de Sous les Murs. Imposante. Belle. On voudrait être peintre. L'instantané d'un appareil photo est trop rapide. Le dessin ou la peinture suppose, permet la lente connaissance des lignes et des volumes, des détails, des contrastes, des nuances, des couleurs : la possession.

Je l'ai dessinée un jour depuis le jardin de tante Marguerite, assise sur la murette qui dominait le jardin de la Pauline. J'avais eu besoin de la dessiner. C'était bien elle. Je l'avais emportée, gardée longtemps, jusqu'à ce qu'elle s'efface de la feuille jaunie.

Un petit bâtiment moderne a poussé sur le potager de l'ancien curé-doyen. Une salle paroissiale sans doute. Comme le chemin, le lieu est désert : dimanche, à midi sonné depuis longtemps, les paroissiens sont à table.

Sur la gauche vers les terres, quelques maisons ont été construites ou bien d'anciennes granges ont été aménagées en maisons d'habitation. Bien placées là, sur les prés, en bordure de la ville, presque sous ses dernières murailles, loin de ses carrefours, pas loin de l'église-gardienne, à portée de la voix de ses cloches. Venues de l'autre côté d'une maison, j'entends des bruits de conversation, des bruits de couverts, de vaisselle. On déjeune - on dîne - dehors, peut-être sur une terrasse à l'ombre d'une treille.

Est-ce un dernier repas de vacances avant un départ, une séparation, ou bien le premier repas dominical qui suit un retour ?

J'aurais pu vivre ainsi. Ici.

Je me souviens d'une scierie un peu plus loin sur la droite, plus importante que celle de mon père, plus étendue, parallèle au chemin, entièrement ouverte de ce côté-ci, mais avec un terrain devant. Le même chant de lame et de moteur, la même odeur de sciure et de bois qu'à l'atelier de mon père. J'aurais aimé la retrouver aujourd'hui, même muette, silencieuse, abandonnée à la paix du dimanche, mais j'aurais eu l'odeur du bois, presque résineuse, plus forte sous le soleil. Pour avoir les sons, je serais revenue un jour de semaine, quand le travail aurait repris, venue comme ça, en passant... en passante.

Je ne me souviens d'ailleurs pas de l'emplacement exact de cette scierie. Je sais seulement qu'elle n'y est plus, disparue comme celle de mon père. Des maisons ont été construites, elles ont des jardins où ont poussé des arbres fruitiers et les abords du chemin un peu nus autrefois ont maintenant des feuillages.

Derniers pas dans le chemin de Sous les Murs. Une large rue le rejoint, l'arrête venue du Capitani. Elle borde l'école Sainte-Anne, contourne son vaste jardin. Dans la muraille, la petite porte. Nous arrivions par là avec mademoiselle Léonie pour le mois de Sainte Anne, aux soirs de juillet toujours beaux. Par cette porte aussi j'entrais pour aller à l'école, longeant les buis taillés, respirant le grand jardin avant d'arriver en classe.

La statue blanche de la Vierge et de l'enfant est toujours là près de la porte, dressée sur un très haut socle sous un ciel de feuillage. J'ai entendu quelquefois appeler cette statue : Notre Dame du Bon Voyage, parce qu'elle veille à cet endroit situé sur le chemin de la gare.

J'ai toujours levé les yeux vers elle en passant, fait même quelques pas par côté de la porte pour être pendant un instant sous son regard. Mon regard était quelque peu interrogateur, plutôt timide, comme avec les adultes je voulais capter l'attention, l'affection sans être tout à fait certaine de les obtenir. Je fais peut-être de même aujourd'hui, mais, je ne rentre pas à l'école, je peux prendre le temps de la regarder...

Elle n'est plus si belle, si blanche. Il aurait fallu que quelqu'un veille sur Notre Dame. Il n'y a sans doute plus de pension Sainte-Anne.

La muraille est semblable à un rempart à l'extérieur. À l'intérieur du jardin, dans le haut de cette muraille qui le borde et le protège, un chemin court tout du long. Quand je suis devenue pensionnaire, j'ai vu souvent vers le soir, mademoiselle S. la directrice, venir y marcher lentement en lisant ou en égrenant son chapelet noir, le regard au loin. Je pensais à Sainte Geneviève veillant sur Paris, comme ça, sur un chemin près d'une muraille, vue dans mon livre d'histoire.

Je m'étais parfois évadée de la cour de récréation pour venir moi aussi sur ce semblant de chemin de ronde, non pas pour prier comme mademoiselle S. , mais pour courir dans l'étrange chemin haut. J'y allais aussi pour regarder par-dessus la muraille. Je voulais voir, toute proche de l'autre côté de la route qui mène à la gare, une villa toujours silencieuse, à moitié fermée, gardée par son mur et sa grille, entourée d'un jardin plein d'ombre, celle des arbustes et celle des grands arbres semblables à ceux que j'avais entendus murmurer au cimetière. Je ne voyais jamais personne. Je n'ai jamais su qui habitait cette villa. C'était là, de l'autre côté de la route un endroit mystérieux qui m'intriguait, m'inquiétait, mais que je pouvais observer sans crainte du sommet de ma haute muraille.

Je venais aussi sur le chemin de ronde, pour deviner, écouter, sentir, essayer de voir la gare, lieu magique d'où arrive, passe, repart le train, avec des gens dont on ignore la destination, le but du voyage et quand ils reviendront…À l'heure du train, des voix montaient parfois de la route, les voix de voyageurs inconnus qui s'en allaient ou qui revenaient.

Aujourd'hui, la villa a un air réveillé, vivant, habité, peuplé même. Un groupe de gens plutôt jeunes, en tenue d'été, bavarde près du portail grand ouvert. La villa, mystérieuse a enfin pris un air gai.

La gare, elle, est désaffectée, désenchantée, devenue simple maison d'habitation - il y a des rideaux au rez-de-chaussée. Plus de train sur cette ligne entre Saint-Denis et Souillac.

Je me souviens : vers Saint-Denis, après le parcours sur un terrain plat en quittant la gare, après Meyrangle, le train plonge dans une tranchée profonde, mais il revient à la lumière dans des hauteurs. Il frôle des rochers, certains dressés haut, distincts de la masse, semblables à des ruines féodales, donjons érodés, abandonnés... Les tunnels subits, que l'on attend mais qui surprennent et se succèdent entre deux éclaboussures de lumière retrouvée, brutale au regard qui cherche à reprendre le paysage... les cris de la locomotive... des fumées rabattues cachent pendant quelques instants la vue plongeante sur les eaux de la Dordogne : un vrai voyage. Un dépaysement immédiat : les falaises, le passage dans la lumière des hauteurs et l'obscurité inquiétante dans la traversée des tunnels, la sensation de danger possible, angoisse et ravissement, pour une petite fille qui ne voyageait pas souvent.

S'il y avait eu encore des trains sur cette ligne, je serais arrivée à cette gare, tout près de chez mademoiselle De. Le train que j'aurais quitté m'aurait devancée, la garde-barrière serait sortie de sa maisonnette pour rouvrir la barrière. Elle m'aurait vue. Elle m'aurait dit bonjour. Au moins. Peut-être plus.

Soudain, inattendu, insolite, le braiment d'un âne venu d'un pré proche de la gare emplit l'espace, braiment rouillé d'un âne qui s'embête. Au temps de mon enfance, les ânes étaient nombreux, à la campagne comme dans le bourg, tous différents d'apparence et de caractère. Un âne rencontré seul aurait pu être identifié, comme appartenant à un tel.

On les utilisait pour le travail, traîner une charrette chargée ou attelés au char à bancs des jours de sortie. Seuls les gens riches possédaient un cheval.

J'ai été tentée de revenir sur mes pas pour aller voir l'âne en son pré. Et puis je ne l'ai pas fait. Est-il doux, est-il teigneux comme l'était celui de mon père ? Est-il vieux avec un air triste et une robe mitée ? À qui appartient-il ? Que fait-il dans sa journée ? Il ne promène certainement pas un char à bancs sur les nationales d'aujourd'hui…

Si je m'étais approchée, il aurait peut-être recommencé à braire comme on appelle au secours et je me souviens de l'air un peu fou qu'avaient les ânes de ma connaissance lorsqu'ils poussaient leurs braiments, leurs braillements discordants. Je mettais mes mains sur mes deux oreilles, sans quitter des yeux les ânes, m'attendant à ce qu'ils fassent quelque autre excentricité en même temps.

L'âne d'aujourd'hui s'est tu. La paix est sur le quartier.

***

Me voici à nouveau en bout de voyage. La matinée a vraiment été un voyage. Avec des images réelles, mais mal décalquées quand elles glissent sur celles d'antan et sur celles de mes rêves même… Me voici de retour, étrangère comme hier, mais en avance de plusieurs heures sur la journée d'hier, au plus haut de la lumière, au plus fort de la chaleur… et quand même, un peu moins étrangère qu'hier. Pas besoin de sonner aujourd'hui, je connais les habitantes et le lieu. Je sais où sont, "ma" porte, "ma" fenêtre, je sais le petit arbre, le rosier, l'oiseau blotti ou en balade, les grillons qui chanteront ce soir, je sais le jardin défendu, je connais le chat.

Sous la remise, devant ma porte fermée, est posé un panier rempli de poires. La surprise me touche ; du fond du cœur le merci est immédiat. Je n'osai pas aller le dire tout de suite, ce n'est pas l'heure des visites, j'irai dans la soirée.

J'entends leurs voix à toutes les deux, la demoiselle et Louise. Laquelle est venue poser le panier ? A-t-elle été choquée en trouvant la porte fermée à clé ? Il faudra que je leur dise que la clé reste là quand je m'en vais et où je la mets.

J'hésite à préparer un déjeuner - le dîner - parce que l'heure normale est passée. Je me sens décalée par rapport à la journée et au monde d'ici : j'ai pourtant faim, que faire ?

Je suis de la civilisation de la pomme de terre et du pain, ici plus qu'ailleurs : des pommes de terre dans la cocotte en fonte noire, les faire dorer doucement, ajouter un fin hachis d'ail et de persil... Ce serait trop long à préparer, à surveiller, il est trop tard, je les raterais : cramées ou pas assez cuites...

Pour bien faire la cuisine, il faut avoir l'esprit libre ; mon esprit n'est pas libre. Il faut surtout avoir à la faire pour quelqu'un.

Je crois bien que je ne vais pas avoir la patience de faire de la cuisine. Troublée par les visions du matin, anciennes et présentes mêlées, je pense déjà repartir dans la ville en passant sur son autre versant. Vers la Place. On dit sûrement toujours la Place, pour désigner ce carrefour dans le haut de la ville, mais tout près des sorties qui sont aussi des entrées, d'où part la route des Quatre-Routes, celle de Brive, où aboutit l'avenue Laveyssière, où commence la promenade des Fossés.

La Place est, était environnée de commerces. Il me faut aller voir, là où il y a du monde, des passages, des passants. Je ne trouverai personne dans les rues où les maisons ont leurs volets clos et parfois un panneau "À vendre" et le chemin de Sous les Murs, c'était pour le temps de l'enfance.

En attendant de repartir, j'ai éveillé la cuisine. Je l'ai ranimée, j'ai touché aux objets, j'en ai utilisé... allumé le butagaz - je me souviens de cette impression de progrès lorsqu'on avait eu chez nous un réchaud à gaz ; tout était bleu, réchaud, flamme et cette curieuse bouteille, alors qu'on n'avait que la lampe à alcool ou le feu dans la cheminée pour réchauffer ou cuire les aliments.

J'ai battu deux oeufs dans un vieux grand bol, entendu grésiller en les versant dans la poêle. Quand j'étais petite, j'aimais ces bruits de préparatifs, plus le pétillement du feu… et l'odeur soudaine.

 L'odeur d'omelette bien saisie va bien avec cette cuisine. Je ne voudrais pas qu'elle s'étende jusque chez mademoiselle De, ce n'est pas une senteur d'après-midi.

 L'omelette est dorée, presque croustillante, encore gonflée. Elle est brûlante. Réconfortante.

 Je me suis assise à table, face au potager pour avoir sa compagnie, celle des arbres dont je vois le haut. Le potager mène sa vie secrète, racines et feuillages, garde ses ombres et prend du soleil. Je vois le poirier qui a donné les poires du panier, je pense à celui de tante Marguerite, je pense aussi au temps où on n'achetait ni les légumes ni les fruits. On les avait vus pousser, mûrir, on les avait "fait venir" disait-on parfois, sauf bien sûr les fruits d'ailleurs, les exotiques "venus" sous d'autres climats : bananes, oranges pour enfants gâtés.

 Le chat est apparu sur le rebord de la fenêtre.

 - Salut le chat !

 Le son de ma voix me surprend. Ce sont mes premières paroles de la journée. Il est donc grand temps d'aller en ville. La Place ! Parler. Même si on ne me demande rien. À Rouen, en ville, on me regarderait d'un air inquiet, sans rien répondre. Ici, on me répondra.

 Si Jacques était là, nous serions allés dans la ville, sans souci de parole ni de rencontre. J'aurais même pu reconnaître quelqu'un et ne rien dire. J'aurais peut-être osé aller frapper à la maison du Cap de Ville, pour une simple visite à la famille éventuelle, visite du bout du cœur, parce qu'on passait par là…

 Je n'avais pas eu d'amitié de la part des enfants de mon âge et surtout pas à l'école laïque où on calquait l'attitude peu bienveillante de la maîtresse. On me regardait de loin, on me maintenait à distance. J'ai été orpheline bien avant d'avoir perdu mon père. Pas belle, pas sage, pas soigneuse, plutôt mal habillée, des grand-parents qui venaient me voir en cachette à la porte de l'école, jamais de maman à côté de moi, des problèmes toujours faux, des leçons jamais apprises, des "pâtés" sur les cahiers et même sur les livres - un encrier renversé sur Ravaillac en train d'assassiner Henri IV - des idées farfelues comme d'aller se cacher dans la réserve au charbon au cours d'une partie de cache-cache, à ce matin de printemps où Antoinette, pour la première fois m'avait fait mettre un tablier rose et des sandalettes blanches, toujours en retard pour arriver à l'école, en retard aussi pour en repartir à cause de la punition de quatre heures... très souvent privée de récréation, donc, en dehors de tout groupe de jeu.

Seule à la maison, seule à l'école à la place du fond, seule partout.

Quelle richesse pour la sensibilité ! J'avais aussi la possibilité, le loisir, d'observer depuis le fond de la solitude et de l'ombre. Le goût pour le bonheur est né quand même et l'aptitude à bien le reconnaître et à le posséder et le retenir.

J'aurais voulu que l'on me voie, que l'on nous voie, que l'on nous voie heureux Jacques et moi - le malheur à l'état chronique finit par vous faire paraître ridicule. Que l'on nous voie...mais qui "on" ? J'aurais voulu rencontrer, "choper", celles qui furent les plus mauvaises, les plus dédaigneuses, mais je ne sais plus lesquelles. Il y en avait trop... et elles avaient tellement l'air d'avoir raison !

De toute façon c'est raté. On ne me verra pas heureuse et accompagnée, mais solitaire comme autrefois et comme si toute ma vie s'était passée ainsi. Dans un ailleurs dont on ne sait rien.

Solitaire, je le suis, mais pas comme autrefois, consciemment désormais, en adulte figée par la mort de l'autre, son absence. De l'espèce des oies sauvages qui ne connaîtront qu'un seul couple durant leur vie.

***

Je vais suivre cette fois, non pas la rue Sainte-Anne, mais plus à gauche, la voie large, plate, ombragée par de grands platanes qui devaient être là, presque aussi hauts quand j'étais petite.

À gauche s'étend un terrain vaste où les arbres sont nombreux : c'est la Fontanelle. Pourquoi ce nom ? Y avait-il une "font", une fontaine ? Y serait-elle encore ? Je connaissais mal ce quartier éloigné de chez moi ; je vagabondais, mais jamais aussi loin.

C'était le foirail autrefois. Aux jours de foire, les animaux à vendre étaient rassemblés là, et circulaient parmi eux, parmi les groupes bruyants, les paysans et les marchands en blouses noires ou bleues.

Je n'aimais pas voir les bêtes en attente... nerveuses, angoissées comme un être humain qui va définitivement changer de domicile.

Un panneau indique un boulodrome et des jeux pour les enfants, un espace pour jeux relativement paisibles. Il doit quand même y avoir moins de jurons sur le boulodrome, qu'il y en avait autrefois sur le foirail !

À droite, dans l'alignement des maisons et quelques petits jardins, il semble qu'il y ait toujours un restaurant, une auberge où les jeunes gens allaient danser.

Je me souviens d'un soir de Carnaval. Mon père et Antoinette m'avaient emmenée voir les masques du bal dans cette auberge. Le Mardi-gras était alors une véritable fête, on faisait un bon repas, chez nous c'était : "lou posti", vol-au-vent garni de poulet et de salsifis en sauce et... les "cambes d'ouilles" si on avait encore faim. Après ce repas fait le soir, on pouvait aller se distraire.

Je devais être encore très petite lorsqu'ils m'ont emmenée au bal masqué. Les masques m'ont paru être de vrais visages aux traits figés dans la laideur. Seuls étaient vivants, les deux yeux qui brillaient au fond de deux trous et les personnages s'agitaient, dansaient sous les lumières de la salle de bal, joyeusement, avec ces figures tristes, violemment colorées. J'ai commencé à hurler, et encore plus fort quand un de ces personnages s'est approché pour me dire : "touche ma figure, elle est en carton !". Parmi eux, il y avait aussi des enfants, monstrueux avec cette figure trop grande pour leur tête et pour leur corps.

D'autres personnages s'approchaient…je ne voulais pas les regarder, encore moins les toucher. On a dû rentrer à la maison.

Ce souvenir reste lié à un autre presque semblable, celui d'une séance de Guignol, en plein air sous les arbres de la promenade des Fossés. Là aussi, j'ai cru que les marionnettes étaient de vrais personnages - vrais, puisqu'ils parlaient - mais c'est qu'ils parlaient avec de grosses voix sorties de leur toute petite taille, anormalement petite. Ils bougeaient, sans souplesse, se tournaient en un seul bloc et ils se battaient ! Ce jour-là aussi il a fallu rentrer à la maison.

J'ai toujours un trouble, une anxiété face à des masques, des marionnettes, devant un automate, un grand robot pourtant sans visage… bien que je sache ce qu'ils sont, je dérive quand même vers le doute, un au-delà de l'apparence et une inexplicable tristesse.

Encore un carrefour à traverser, sans passage pour piétons celui-ci. Rien ne presse. Il me semble disposer depuis ces deux jours, d'un temps sans heures, seulement limité par l'approche du soir. La nuit venue, il faut non pas trouver, mais retrouver un gîte, comme un animal qui a gardé en lui des angoisses liées aux ténèbres. J'ai un gîte. Chez mademoiselle De. Je me souviens à peine de l'avoir demandé, retenu contre finances. Il me semble qu'on m'y donne asile, qu'on m'y recueille comme si j'étais encore une petite fille. Ne serais-je pas vraiment adulte ? Passée de la mort de l'un à celle de l'autre, orpheline pour l'éternité, jusqu'à l'éternité ? Et en attendant, toujours en quête d'un refuge, d'une sympathie, d'une chaleur… attitude dans l'enfance et puis disparue et puis latente depuis ce mois de mai.

Curieuses réflexions devant un carrefour à traverser ! Pendant la halte, avant de trouver le moment favorable pour gagner l'autre bord. Halte pour regarder, rattraper encore un souvenir ?

De l'autre côté, un peu sur la droite, derrière un groupe d'arbres sur une placette, une muraille, pan de rempart. À ses pieds, longtemps une petite mare avait subsisté. Juste sous la muraille, elle pouvait être un vestige de fossé à moins qu'elle n'ait été qu'une simple mare. Tout en haut de la muraille, protégée par une grille, la cour de récréation de l'école des garçons. J'ai appris plus tard que c'était la cour de l'ancien couvent des Mirepoises.

C'est là que se passait le certificat d'études pour les candidats du canton. Je suis donc allée en ce lieu une seule fois. Je ne l'ai pas oublié. C'était au mois de juin, souvenir d'un petit matin frais et tonique et de cette espèce de vide au creux de l'estomac, semblable à de la faim. Vue dès l'arrivée, cette cour de récréation "en hauteur" m'avait enchantée. Je pensais aussitôt qu'on n'aurait pas dû la donner aux garçons. À la fin des épreuves, après les résultats, échappée du groupe des élèves de Sainte-Anne, je suis allée voir au bord de la cour. J'ai reconnu mais vu autrement, la rue en-bas, les maisons et loin derrière les derniers toits, une colline.

J'étais dans la ville et dans un endroit inconnu. Je venais d'être reçue au certificat d'études, c'était peut-être normal que le monde me paraisse différent et qu'il m'enchante.

Perchée au bord de la cour du couvent des Mirepoises, j'oubliais les tristesses de l'année écoulée et j'avais envie de chanter un air éclatant comme un Alléluia ou une Marseillaise.

Il faut monter l'avenue Laveyssière. Monter, descendre. Monter sur la Place, descendre les Fossés, monter le Cap de

Ville... Martel est tout entière en creux et en bosses. On croit deviner les pentes originelles comme si, avant de bâtir la ville, on avait seulement chassé les lézards, les sauterelles, enlevé les genévriers et quelques cailloux en surnombre. Au cœur de la ville, la Halle, le Palais de la Raymondie reposent sur un espace plat, mais tout autour, dans toutes les directions, les rues descendent en pentes plus ou moins rapides. Certaines remontent à la sortie de la ville lorsqu'elles deviennent routes. Celle de Gluges ne monte pas en partant de Martel ; elle s'en va, plate pendant quelques kilomètres avant de descendre entre un haut talus rocheux et des bois plongeant dans des creux sous des falaises, jusqu'à la rivière Dordogne. Quelle longue montée au retour !

La dure pente de l'avenue Laveyssière éveille une fatigue dans mes jambes. Je prends soudain conscience de ma moins grande agilité, aptitude à la marche diminuée, conscience prise, là, à l'instant. Je n'ai pas eu la lente accoutumance, la métamorphose progressive de ceux qui ont vieilli sur place. Peut-être à cause des fulgurances de "l'autrefois", sans cesse revenu depuis deux jours, oscillation entre avant et maintenant, je me vois enfant, je suis l'enfant, j'oublie complètement que je vais avoir soixante ans.

En montant cette avenue Laveyssière, la fatigue, impitoyablement m'a remis l'esprit dans le corps présent.

Dire qu'il fut un temps où j'appréciais, j'utilisais ces montées et ces descentes du tour de ville ! J'apprenais à faire de la bicyclette, seule sur un vélo d'adulte qu'on m'avait prêté (je me demande qui avait bien pu me prêter un vélo...). En me le remettant, on m'avait dit : "Tu ne regardes pas la roue. Tu regardes loin devant toi...", le premier "loin" fut le mur de l'hospice en descendant du Cap de Ville. (Après tout, on a peut-être bien fait de raser la maison des B. : le passage était vraiment trop étroit).

Entêtée, infatigable, j'avais rapidement fait des progrès et un jour, sur le vélo trop grand, debout sur les pédales, j'ai pu aller faire le tour de ville. Inlassablement, dansant sur les pédales, je le faisais dans un sens, dans l'autre où les montées devenaient descentes et les descentes montées, montées laborieuses, descentes périlleuses et le presque plat Capitani pour se remettre des émotions, s'apaiser avant de recommencer.

Je ne me hasardais pas dans les rues du centre, trop étroites pour le vélo et moi, des rues presque toutes en pente raide et trop fréquentées par des gêneurs et surtout des gêneuses qui s'arrêtaient parfois au milieu de la rue pour bavarder avec quelqu'un de rencontre ou quelqu'un d'autre qui répondait depuis une fenêtre d'un premier étage.

D'autres enfants ont dû vivre pareille aventure à Martel au temps où les voitures étaient rares, ce temps où on pouvait apprendre à faire du vélo en faisant le tour de ville.

Je suis là aujourd'hui, soudain appliquée à faire des pas normaux, en longueur, plutôt que ces pas de fatigue, trop courts, piétinés façon "gros ours debout". J'ai déjà vécu ça ailleurs, mais ici, à l'instant, c'est un constat de vétusté en venant d'évoquer l'enfance guillerette.

J'essaie d'allonger le pas, mais je vais quand même lentement. Cette lenteur obligée est-elle providentielle, afin que le regard se pose, s'attarde ? Lenteur qui aide la pensée et quand c'est nécessaire les retrouvailles avec les souvenirs.

Après les hautes maisons à étage, aux belles rangées de fenêtres sur la gauche de l'avenue et sur la droite, le restaurant très quercynois dont le nom du propriétaire est le même qu'autrefois, je vais arriver à la Place sans me laisser tenter par l'ombre des petites rues qui s'en vont vers la Halle et la mairie. D'ailleurs, elles montent toutes.

Je continue de monter, d'abord vers un souvenir heureux. Je sais que la nostalgie n'en sera que plus profonde.

Sur cette partie de la Place où j'arrive, je me souviens d'un soir de fête. La fête votive toujours fixée au dimanche après le 15 août, à l'apogée de l'été, juste avant son déclin. Il y avait foule sur la Place, le café Mabit avait largement étendu sa terrasse. Nous étions assis, moi entre mon père et Antoinette ; sur la chaise verte, devant la petite table ronde, le nez au-dessus d'une limonade qui m'envoyait ses bulles, j'avais été heureuse. Parce que c'était la fête, parce que c'était la nuit et qu'on était dehors, parce que j'étais entre eux deux, gaiement, comme les autres enfants avec leurs parents.

La fanfare jouait, cuivres et tambour. J'avais vu défiler Martissou le marchand de journaux, abouché à sa trompette, tout rouge, les joues gonflées dangereusement, l'œil vague, obligé de marcher en jouant et de suivre les autres alors que lui était petit et gros. Allait-il tomber, éclater ? Là, sur la Place, le soir, la fanfare était assise. J'étais rassurée au sujet de Martissou : il pourrait continuer à venir glisser "la petite Gironde" sous notre porte.

En attendant les feux d'artifice dont les armatures étaient dressées au centre de la Place, Fulvi, l'équilibriste martelais passait en l'air sur le fil tendu entre deux hautes maisons, au-dessus de la route de Brive et la musique s'arrêtait pour ne pas le troubler tandis qu'il avançait à tout petits pas avec son balancier. Elle reprenait, éclatante, triomphale, dès les derniers pas plus rapides, juste avant d'atteindre le toit de la maison. La foule recommençait à respirer et applaudissait l'artiste.

Dans cette foule, il y avait les habitants du bourg, les gens de la campagne et les familles invitées à l'occasion de la fête. Des chiens mécontents, surpris par tant de bruits inhabituels, aboyaient hargneusement s'en prenant aux danseurs ; on leur disait de s'en aller. Ils repartaient, tristes.

On dansait, on parlait fort, on riait, on s'interpellait joyeusement. Des manèges installés sur l'autre partie de la Place - là où elle commence à s'incliner vers la promenade des Fossés - de ces manèges installés aussi dans la descente de la Promenade, nous parvenaient des bruits de klaxons stridents annonçant la mise en route d'un tour et aussi des cris joyeux, des musiques... C'était la fête. Vraiment la fête. La fête, même pour les adultes, heureux, méconnaissables, qui ne reprendraient leur tête d'adulte, leur comportement d'adulte que dans les jours ordinaires. Alors, ils auront tous l'air morose et fatigué.

À cause des tours de manège de l'après-midi, de ceux du lendemain encore possibles, à cause de cette nuit pleine de lumières, de musique et de voix, à cause de la nouvelle tête des adultes, j'aurais voulu que la fête ne finisse pas. D'ailleurs, devant ma limonade, les yeux et le cœur à la joie, je ne me souvenais pas d'avoir une maison, un lit, un endroit où il allait falloir s'en retourner. Mon père était là. Antoinette était là. La fête n'était pas finie et la ville n'était plus la même.

Ce souvenir n'est pas celui d'une année précise. Les images de plusieurs années semblables se sont peut-être superposées, mais je ne peux oublier notre dernière fête, au dernier été de mon père.

En août 1936, une autre sœur de mon père, Maria qui habitait dans le Nord (à la façon dont on le disait, ça pouvait être aussi bien le pôle du même nom), tante Maria était venue rendre visite à tante Marguerite, avec son mari, son fils André 20 ans et le chien Pataud. Ils n'avaient pas voulu partager le ressentiment de tante Marguerite et ils venaient nous voir tous les jours.

L'oncle Ernest, sans le faire exprès, ne passait pas inaperçu. Roux de cheveux, sous son chapeau noir rejeté en arrière, le teint rouge brique, il était ici, un homme venu d'ailleurs, un homme flamboyant, incandescent dans le plein été et on voyait bien qu'il serait le même dans le plein hiver. On se retournait pour le regarder et on disait : "ca jo quel ? cu coï". C'était un gars du Nord, jovial, affable. Il se retournait aussi, il souriait à qui s'était retourné, disait quelque chose en chtimi et on pensait que c'était vraiment un étranger mais qu'il était quand même bien aimable.

Il me prenait parfois très gentiment sur ses genoux, mais je n'en avais pas l'habitude et je n'aimais pas voir de près sa figure rouge. Je préférais le chien Pataud qu'on laissait aller et venir librement dans la maison et j'en profitais pour en faire autant. Le chien Pataud était d'une couleur normale et il aboyait comme les chiens d'ici.

Plus joyeusement que d'habitude s'était passée la fête avec l'oncle, la tante et le cousin. Le chien Pataud qui n'avait rien à faire à la fête devait rester attaché dans le jardin de tante Marguerite. Dans notre maison, il me manquait…

Pour la première fois, je suis allée sur les "chahut-cars" emmenée par le cousin André, mais il ne s'occupait pas de moi : j'avais dix ans. Dix ans et demi. Il poursuivait les voitures contenant des filles de son âge, pour les cogner très fort. À un choc plus violent, projetée en l'air, je suis retombée sur la piste. On m'a ramassée, remise dans la voiture, sans mal, sans peur. Le cousin André n'avait rien vu.

J'étais déçue qu'il ne m'emmène pas toujours avec lui. Le soir venu, on le perdait. Non seulement ses parents ne s'inquiétaient pas, mais ils riaient, en parlant de lui. Certains soirs, quand la fête fut finie, il restait avec nous. À la demande de sa mère, il nous chantait : "bohémienne aux grands yeux noirs…" comme s'il lui parlait à la bohémienne.

Tante Maria, comme l'oncle Ernest était de nature très gaie. Jusqu'à leur départ, on aurait dit qu'une fête continuait à la maison. Je n'avais jamais vu mon père rire d'aussi bon cœur.

Il est mort au mois de mars de l'année qui a suivi. Parfois, après de grandes retrouvailles, quelqu'un s'en va et on se souvient d'avoir été heureux.

J'ai cependant un autre souvenir de la fête à Martel. C'était beaucoup plus tard. L'année de mes vingt ans. Nous étions à peine sortis de la guerre et des tragédies locales étaient toujours douloureuses, mais la vie reprenait… J'étais venue voir tante Marguerite et au matin de la fête, nous avons été surprises par "l'aubade" donnée devant sa porte. Parce que j'étais là. Parce que c'était l'année de mes vingt ans. On s'était souvenu de moi. J'étais toujours d'ici.

Un garçon "de la classe", est venu m'embrasser. Je ne sais plus qui mais je sais que l'instant fut intimidant et doux. Bonheur d'être reconnue, pas oubliée et plaisir d'avoir sur moi le regard de ces garçons, bien différent de ce qu'il était autrefois. Touchant, joli souvenir encore aujourd'hui.

J'ai eu la même surprise et une vive émotion lorsque, quelques années encore plus tard, en 1950, - alors que je ne venais que rarement à Martel - ayant demandé un extrait de naissance à la mairie pour les formalités de mon mariage, il est arrivé accompagné d'un mot amical du secrétaire de mairie, Alexandre Crémoux. Il me rappelait qu'il avait bien connu mon père, qu'il se souvenait de moi et il m'envoyait, ses vœux de bonheur. Ce message dans lequel passait le souvenir de mon père m'avait touchée comme s'il venait un peu de lui.

Combien de pas ai-je faits vers la Place pendant mes "souvenances" ? Je n'ai plus regardé les maisons, ni qui peut bien passer entre les voitures. J'éprouve maintenant un chagrin, une difficulté à retrouver la réalité : la Place sous le soleil, vide de fêtes et d'êtres qui me seraient proches... Le passé est impossible à faire renaître, à saisir. Seulement avec les mots pourvu qu'ils soient évocateurs et justes. Après avoir fouillé dans la mémoire, creusé vraiment, avec acharnement, on a quelquefois la joie et la surprise de retrouver ce qu'on croyait avoir oublié, perdu. Un souvenir remis à jour... mais, souvenir seulement... et la rage douloureuse : pas de "come back" possible.

***

La Place s'appelle en réalité place Gambetta. Il y en a un peu partout des places Gambetta, mais ici c'est justifié puisqu'il était un enfant du Lot. On dit rarement place Gambetta, c'est la Place, comme s'il n'y avait que celle-là à Martel... Elle n'est pas au centre de la ville, mais elle en est le point le plus élevé. Le haut-lieu où se passent les fêtes et d'autres événements.

Il me semble bien que c'est ici, en son centre, qu'une statue semblable à celle de la liberté fut dressée et de son poing, un soir, la lumière a jailli : l'électricité. C'était juste que ce soit sur la place, mais j'étais surprise, déçue que ce miracle n'aie pas eu lieu aussi dans les maisons. Je suis restée longtemps fascinée par les boutons électriques en porcelaine blanche qui à l'école ou chez les sœurs déclenchaient chaque fois le même phénomène : la lumière dans l'ampoule du plafond.

Un lampadaire avait remplacé la statue au centre de la Place. Pas d'interrupteur pour allumer ou éteindre ? Le lampadaire paraissait prendre sa lumière dans le sol. Le phénomène de l'électricité était pour moi aussi naturel que celui des eaux souterraines du causse qui parfois jaillissent.

Il y a un lampadaire, toujours au même endroit et la place ressemble à un rond-point.

Je suis peut-être arrivée sur le terrain de tous les dangers. Danger, non pas à cause des voitures, mais à cause des rencontres possibles, peut-être imminentes. Et je pense, mal à l'aise : seule, qui suis-je ? D'abord, quelle est mon apparence ? Comment va-t-on me voir, me percevoir ? Est-ce que d'autres sont revenus ainsi, en disant : "c'est moi" ? Ont-ils été reconnus, accueillis, repris, intégrés ? Peut-être plus facilement s'ils avaient des liens, une maison et mieux encore, pignon sur rue et surtout, une famille proche qui parle d'eux avec bienveillance... Mais ceux qui ont des biens, une famille proche, ne restent pas absents si longtemps.

Moi, je possède seulement les quelques mètres carrés des deux tombes que l'on me confisquera un jour, justement, pour cause d'absence, d'abandon, de non-retour supposé.

Il ne peut y avoir de moi dans le souvenir des autres, que l'image arrêtée, ancienne, celle de l'enfance et d'une enfance un peu singulière. Pas d'image intermédiaire. Tout le fil de ma vie restera ignoré. On ne connaîtra de moi que mon apparence du jour-même.

Après avoir quitté la maison de la rue Porte Pinche, je n'ai plus eu aucune familiarité avec cette ville, avec les gens de cette ville, avec les enfants de mon âge. J'avais changé d'endroit à vivre ; je vivais complètement chez mes grands-parents maternels au village de la Maurétie qui me semblait être loin, de l'autre côté des bois, sur un autre versant.

J'avais encore changé d'école ! Bien que j'aie le certificat d'études, l'institutrice de l'école de Strenquels madame Verdet avait accepté de me prendre dans sa classe afin de me préparer au concours des bourses et que je puisse rentrer l'année suivante à l'E.P.S de Saint-Céré.

Je revenais de temps en temps à Martel avec mon grand-père. Plutôt exubérante à la Maurétie et à l'école de Strenquels, ici, je ne voulais voir personne, je ne voulais surtout pas être vue. Je ne voulais pas qu'on me pose des questions, qu'on me regarde ; j'avais conscience d'être devenue différente, même physiquement et puis, je venais d'ailleurs.

Cette année-là, tante Marguerite n'était pas encore à la retraite, sa maison était fermée et quand nous venions à Martel, nous allions dans une vieille maison que mon père avait achetée, à côté de l'église, au commencement de la rue Droite.

Je n'ai jamais su pourquoi mon père avait acheté cette maison. Il savait qu'il n'aurait jamais celle de ses parents. On aurait dit qu'il cherchait à avoir une maison bien à lui : cette construction commencée à côté de la scierie... cette maison près de l'église, à réparer entièrement... le temps ne lui a pas été donné pour préciser ses projets et les réaliser.

Les meubles qui restaient après le partage avec Antoinette étaient déposés là. Je les retrouvais comme "dépaysés", dans un ordre différent, ou plutôt sans ordre, sans plus aucune utilité, sous une poussière qui les défigurait, leur donnait un aspect misérable. Cette maison devait être inhabitée depuis longtemps. Le logement était au premier étage. Au rez-de-chaussée, dans la pénombre, reposaient les outils de mon père.

Il me semblait que j'aurais aimé habiter cette maison, mais avec mon père et avec Antoinette. Je me faisais mal en "nous" imaginant vivant là.

La fenêtre de la cuisine donnait sur la rue, face à la grande ombre de l'église, au début de son profil, juste après le chevet sur la placette. La rue était encore large à cet endroit et la cuisine était claire. Une marche devant cette fenêtre me permettait d'être au bon niveau pour regarder dehors, mais je ne voulais pas me montrer à la fenêtre. Dans une autre pièce attenante à la cuisine et qui aurait été une chambre, un seul volet fermait la fenêtre, moins large que celle de la cuisine. Elle laissait passer le soleil de l'après-midi au-dessus d'une ruelle qui bordait la maison de ce côté.

Ce soleil retrouvé me réchauffait, me réconfortait. Sa lumière rendait un peu de vie aux meubles et aux objets épars, donnait l'illusion qu'on aurait pu vivre là tout de suite, après avoir fait le ménage, rangé et essuyé les meubles et surtout, surtout… allumé le feu dans la cheminée de la cuisine ! Rester là avec les meubles et les outils de mon père…!

S'il n'y avait pas de soleil, sans feu, l'inertie de toutes ces chose réelles mais perdues, une tristesse inconsolable, un froid pesaient. Moi aussi j'aurais pu devenir inerte.

Le grand-père avait à faire dans la ville ; je ne voulais pas le suivre. J'allais vers une grande caisse qui contenait mes premiers livres de lecture, celui de Lili et de René, le livre vert, le livre rouge et les premiers petits cahiers minces à deux lignes avec mon nom écrit à l'encre rouge ainsi que la première lettre de chaque ligne et peut-être d'autres livres, d'autres cahiers…Il y avait de la vaisselle dans cette grande caisse et je me souvenais de la table mise et de mon père au bout…

Je revenais sans cesse aux premiers petits livres de lecture, comme si à force de les parcourir, les ouvrir, les refermer, les triturer, ils devaient, magiques, annuler le présent et faire que nous nous retrouvions aux années de ma petite enfance dont j'avais oublié les misères.

Tant que durait l'absence du grand-père, j'étais là, tombée du temps parmi des meubles et des objets connus dans une autre vie. Le grand-père revenait avec notre repas de pain, de charcuterie. Je sentais le pain pour retrouver l'odeur du pain de Martel, du pain de chez moi. Les nourritures terrestres, la présence du grand-père, sa jovialité, sa voix, me redonnaient goût à la vie.

J'étais revenue voir mademoiselle Léonie. Elle ne posait pas de questions. Les statues des saints, les livres, les fauteuils de velours, le prie-Dieu, tout était ici à la même place. Il y avait encore des billes de chocolat d'Aiguebelle et le dernier Almanach du Pèlerin…c'était mademoiselle Léonie qui avait changé, elle s'affaissait un peu plus, elle était plus maigre, son visage était moins frais, moins lisse, je n'avais plus la même sensation quand je l'ai embrassée. Il me tardait presque de la quitter. Je repartais, non pas vers l'intérieur de la maison, vers la porte de communication, mais vers le dehors. Je rejoignais le grand-père et nous partions sur le lent "caretou" de l'âne, tournant le dos à Martel, pour aller de l'autre côté des bois dans le jour finissant.

La maison près de l'église n'existe plus. Pas réparée, elle devenait ruine, menaçait de s'écrouler. Elle a été vendue et démolie. Sur son emplacement, j'ai vu le soleil descendre sur un tranquille jardinet. Les quelques meubles, les objets, les outils, la grande caisse et son contenu sont arrivés dans la cave de tante Marguerite, mais à cette époque, je n'y allais plus très souvent, ma vie était ailleurs et il fallait oublier les peines trop vives de l'enfance.

Depuis un moment, ma tête, mon cœur ont été pris par le dedans, mes yeux n'ont eu que peu d'attention pour l'environnement et lorsque je reviens vers le présent, telle qu'elle est en cette fin d'après-midi, la Place me paraît insolite. Déjà elle s'incline vers la promenade des Fossés. Je retrouve sur la droite, les mêmes commerces qu'autrefois, à la même place, donc dans le même ordre, mais ils ont pris l'indispensable air contemporain. Un café, sa terrasse pleine encore de consommateurs, la pharmacie, la librairie, et puis tout de même un changement : un fleuriste, un pressing à la place du coiffeur il me semble… et enfin, le magasin d'alimentation l'Épargne devenu le Casino.

On m'envoyait chez ce coiffeur de la Place. Non pas pour me faire coiffer, mais pour raccourcir ma chevelure quand c'était devenu indispensable. La main du coiffeur était lourde et chaude quand il la posait sur ma tête pour l'incliner en avant, par côté, ou quand il oubliait de la retirer - sans doute pour gagner du temps - la tondeuse restée en l'air dans l'autre main, parce qu'il donnait la réplique à quelqu'un qui attendait son tour assis derrière nous. Le coiffeur ne se retournait même pas, il regardait son interlocuteur dans la glace et moi, je ne pouvais pas relever ma tête pour regarder aussi. Il me semblait que sous sa main, ma tête allait lentement s'enfoncer entre mes épaules si la conversation durait…

Enfin délivrée de la patte lourde et chaude, je repartais, frileuse, légère et moche, mes deux oreilles aux quatre vents.

Il faut que je me surveille quand me reviennent des souvenirs qui pourraient me faire sourire, comme ça, seule dans la rue, sans partage, donc, sans raison apparente pour qui me surprendrait.

Parmi ces commerces alignés sur la droite, seul le café est animé. Les magasins sont fermés. C'est dimanche, je l'avais oublié. Septembre est commencé, c'est le temps d'après vacances, la saison d'été s'achève.

Demain si c'est ouvert, je viendrai chercher des fleurs pour les emporter sur les tombes. J'irai voir au Casino si le couloir de l'Épargne existe toujours. J'irai acheter le journal local. J'irai regarder si les commerçants d'aujourd'hui ont une ressemblance, un air de famille avec ceux qui étaient dans ces mêmes commerces autrefois. J'irai écouter s'ils parlent à leurs clients habituels et ce qu'ils disent…

Et à moi, est-ce qu'ils me parleront ?

Je repère une cabine téléphonique de l'autre côté de la Place, au début de la promenade des Fossés : les Fossés des Cordeliers. Le bel arbre au large tronc est toujours là, vivant, devant l'ancienne perception, témoin du passé, du présent, toujours là pendant que les générations se succèdent. Un entourage de ciment, rempli de terre, bien arrondi assez loin du tronc, le protège et peut servir de siège à qui veut attendre ou se reposer.

Dans quelques instants, j'entendrai la voix de l'un de mes fils. Après ma longue errance de ce jour, je prends conscience d'un bonheur ; mais non je ne suis pas seule. J'ai eu, j'ai une famille. Il suffit d'appeler. Ils existent là-bas. Je ne suis pas seule, impaire seulement. Pas habituée. Est-ce qu'on s'habitue ?

Près de la cabine, de très jeunes gens garçons et filles, plaisantent, bavardent, assis sur la murette du rempart qui de ce côté borde la promenade, ce rempart qui paraît retenir la ville enclose lorsqu'on le regarde depuis le chemin du cimetière comme je l'ai fait ce matin.

Après avoir téléphoné, avoir entendu un des miens, sensible au poids du silence qui suit la communication, je m'éloigne de la cabine. Je crains d'avoir l'audace de poser aux jeunes gens qui sont là, une question qui leur paraîtrait peut-être étrange : "de quelle famille êtes-vous ?". En m'éloignant d'eux, lentement, j'écoute leurs conversations suffisamment animées pour être entendues de plus loin. J'écoute avec autant d'attention, de désir de comprendre, que si j'étais en pays étranger, curieuse de saisir les origines et les mœurs d'un peuple inconnu.

À la suite de la murette, une grande maison aux volets verts, fermés. La murette continue jusqu'à la maison dite : "le grenier d'abondance", au beau toit de tuiles, aux belles fenêtres renaissance, châtelaines. Elle a son premier étage au niveau de la promenade et elle plonge dans la prairie à l'extérieur, au pied du rempart. Elle ne paraît pas avoir été seulement, un grenier, une réserve. Si ce n'est le style de ses fenêtres, elle n'a pas l'air d'être du siècle et on s'attend, en cette période sans disette à voir passer quelqu'un sur sa terrasse très quercynoise, quelqu'un qui serait là en vacances, tout simplement. Mais de loin, ainsi que je l'ai vue ce matin, depuis le chemin du cimetière, elle semble faire corps avec le rempart, être de son âge et avoir eu comme lui une fonction guerrière.

Je descends dans l'allée ombragée, mais elle sert plus ou moins de parking et je préfère aller marcher dans l'herbe, vers le mur, au bord du rempart. Vu de loin, il a tout à fait l'air d'être un rempart, mais ici, à l'intérieur, c'est une muraille double. À mi-hauteur, tout au long, une murette peut servir de siège et le restant du mur est un dossier. Comme tant d'autres enfants, peut-être tous les enfants qui passent par là, j'aimais courir sur la murette basse et puis m'arrêter pour regarder en bas par-dessus l'autre hauteur de la muraille. C'était profond, inaccessible et pourtant si proche. Il n'y avait jamais personne.

Bien sûr, je regarde aussi aujourd'hui, debout, les genoux contre la murette, les avant-bras posés sur le dessus du mur. Toujours la même odeur d'herbe un peu humide, de mousse, peut-être de lichen. Il n'y a personne. Rien n'a changé. La ville n'a pas pu s'agrandir par là. Au loin, un peu à droite, cerné par le liseré clair de son mur, le cimetière incline doucement ses tombes vers les prairies. Vers la ville. Si j'avais une meilleure vue, je pourrais d'ici distinguer la tombe de mon père.

Parallèle à la promenade sous les arbres - je me souviens du parfum des tilleuls en fleurs - l'avenue goudronnée descend vers la place de la Rode. De l'autre côté, de belles demeures d'autrefois ont presque toutes leurs volets fermés. Devant elles, les isolant de la rue, de petits jardins pourtant fleuris ont l'air de souffrir. Leurs grilles doivent grincer quand enfin on les ouvre.

La Rode, cela veut dire roue en patois... on pense au supplice du même nom. Dans cette cité jadis peuplée et florissante, y avait-il une clientèle pour ce genre d'exercice et une foule pour regarder ? La promenade des Fossés arrive sur le terrain plat. Le monument aux Morts en a un jour marqué le centre. Plus loin, à droite, prise dans le commencement de courbe du Capitani, l'église. L'église encore. Sur sa face sans issue, imprenable, gardée : mâchicoulis, échauguettes, tours de gué, l'église-forteresse. En plein chevet, seule la haute verrière pourrait être vulnérable.

L'église imposante et guerrière mais sans lourdeur. Posée sur une placette d'herbe et les quelques arbres devant elle ne sont plus que de petits arbres.

De l'autre côté de la Rode, Poujols, l'école, la rue Porte Pinche sont au-delà du carrefour, hors du cercle de la ville.

Après un semblant d'arrêt, les voitures, quelques unes rapatriant leur caravane, s'engouffrent dans cette rue Porte Pinche. Les rares piétons s'aplatissent contre les murs des maisons ou dans le renfoncement des portes afin de ne pas être bêtement "espoutis". Malheur à ceux qui auraient les épaules plus larges que le trottoir et oublieraient de se mettre en biais !

Je ne vais pas aller passer rue Porte Pinche, je ne vais pas revenir aujourd'hui au Cap de Ville. Je laisse éloigné le quartier qui fut le mien, ou plutôt, c'est moi qui m'en éloigne. Je sens bien que je ne suis plus de ce quartier ; je dois aller dormir ce soir, dans une direction opposée, hors du cercle aussi. Je ne rentre pas encore chez mademoiselle De. Besoin de rester un peu à cet endroit, me poser, m'attarder. Il me semblait autrefois, qu'ici, de l'autre côté de l'école, de l'autre côté de la rue Porte Pinche, un autre monde commençait différent du mien, la ville véritable. À regarder.

Aujourd'hui, je fais le contraire : revenue m'asseoir à l'ombre, sur la murette du rempart au bord de la ville ronde, je regarde…

En cette fin de dimanche, il y a peu de piétons. Seulement ceux qui vont rejoindre leurs voitures, immatriculées presque toutes ailleurs que dans le département et certaines à l'étranger…

Moi aussi je suis étrangère, hors du présent de cette ville autant que dans mes rêves d'elle, alors que je suis là assise face à son clocher qui domine les toits de l'autre côté de la promenade.

Hors du présent et plus du passé.

Je ne me suis peut-être pas assise là par hasard. Depuis mon arrivée, on dirait qu'un mystérieux fil conducteur dont je n'avais pas encore soupçonné la magie, me guide vers les lieux où se lèvera un souvenir. Un souvenir essentiel.

***

Pendant les après-midis d'un certain été, ici, au commencement de la longue rangée d'arbres, peut-être sous ce premier arbre, un bébé jouait couché sur une couverture posée sur le tapis d'herbe, sa mère assise à côté de lui. Quand je les ai vus pour la première fois, je me suis arrêtée pour les regarder un peu à distance. Sachant qu'ils habitaient en face, à l'étage d'une petite maison sans jardin, je me doutais que je les retrouverai là tant qu'il ferait beau. Je suis donc revenue chaque jour : la maman m'a parlé, m'a permis de rester près d'eux, de jouer avec le petit et même de le toucher. Il riait, il me tendait les bras. J'étais étonnée, bouleversée par cette affection spontanée que je pensais n'avoir encore jamais inspirée à qui que ce soit. Et j'étais émerveillée par la beauté d'un bébé vu de près : il n'y en avait jamais eu dans mon entourage.

Pendant l'automne, l'hiver, je n'ai plus revu le bébé, mais ce n'était pas la saison. On a dit qu'il était mort.

Je pensais toujours à lui, surtout quand je passais par ici, mais je savais bien que je ne le verrai plus jamais jouer sur sa couverture.

Plus tard, pendant un autre été, peut-être celui qui a suivi, la maman vêtue de noir était là, assise au même endroit, près d'un bébé couché sur une couverture, semblable à celui de l'autre été. Je me suis approchée, le cœur battant et il m'a souri comme s'il me reconnaissait. Je ne savais plus si c'était le même petit enfant ou un nouveau... mais on avait bien dit qu'il était mort, on en avait parlé dans la ville et la maman était vêtue de noir. Elle était triste ; sans doute parce que, même sans rien dire, je lui rappelais un autre été... Je ne pouvais plus venir près d'eux. À cause de la peine. Et parce que je ne comprenais pas... Il me semblait qu'on avait remplacé le bébé disparu.

Certains jours, Antoinette emmenait chez nous un tout petit garçon chez qui elle faisait le ménage. Il était beau. Il était très gai, très rieur, très malicieux, on disait même, très polisson.

Sa voix qui appelait dès l'entrée, ses pas incertains dans l'escalier qu'il finissait de monter à quatre pattes, son joli rire, ses mots déformés de tout petit enfant... La maison se réveillait, devenait vivante, je la voyais autre tant que le petit y était. Le bonheur était présent. Réel.

Quand à cette époque, on m'a demandé un jour ce que je voudrais faire plus tard, sans hésiter j'ai répondu : bonne d'enfant. Je ne connaissais rien au mystère de la naissance et je ne me posais pas encore de questions à ce sujet. Un jour, un tout petit bébé arrivait dans une maison, chez des gens, mais je ne savais pas comment... j'irai donc garder ceux des autres. Je n'avais pas pensé à un métier, mais à un état, une façon de vivre. Vivre avec des enfants.

J'ai eu le bonheur et la chance d'avoir les miens, mais je n'ai jamais oublié le petit enfant sur sa couverture et celui qui venait parfois égayer la maison de la rue Porte Pinche...

Je regarde attentivement ce carrefour de la Rode, parcouru par la civilisation roulante, seulement animé par cette circulation.

Je les ai connues toutes ouvertes ces maisons qui le bordent. Ces maisons endormies aujourd'hui, sont-elles quand même habitées, vivantes seulement vers leurs vastes jardins derrière, qui s'étendent jusqu'au chemin de Sous les Murs ? Vont-elles s'ouvrir dès l'automne ou bien sont-elles habitées l'été seulement par des gens en vacances déjà repartis ? Des gens issus des familles que je connaissais ? Et si je les voyais, je ne les connaîtrais pas... J'ai tendance à oublier que pour tous, d'ici et d'ailleurs, la vie s'est écoulée, peut-être à des rythmes différents, mais avec le même nombre d'heures, de jours, de mois, d'années.

Ce qui fut le syndicat agricole est fermé. Déserté. Fermé, non pas comme un commerce à son jour de fermeture hebdomadaire. Fermé, comme on ferme définitivement. Sa façade est à peine changée, sinon que ses grandes portes sont closes et les volets mis. Aux jours de foire, les attelages s'y arrêtaient, s'y succédaient : les agriculteurs des environs venaient acheter là entre autres marchandises, des semences, des engrais... bruits de voix, jurons bien timbrés, criés, destinés au cheval, au bourricot, ou à l'attelage de bœufs ou de vaches, bétail importuné par les mouches, impatient de regagner sa campagne après des heures d'attente dans des lieux peu familiers. Certains jurons, toujours les mêmes, dits sans colère, émaillaient les conversations, régulièrement posés comme une ponctuation dans ces conversations de fin de foire, plutôt joviales, toujours bruyantes.

Dangereusement penché à la fenêtre du premier étage au-dessus du magasin, un petit garçon regardait le spectacle et enrichissait son vocabulaire. C'était ce petit garçon qui venait à la maison avec Antoinette. Elle m'emmenait parfois chez lui au syndicat agricole. J'aimais assez être à la fenêtre à son côté les jours de foire.

En pressant, en interrogeant ma mémoire, en prenant chaque maison une après l'autre, je peux retrouver tous les habitants de la rue Porte Pinche au temps où toutes ces maisons étaient occupées, mais les images que j'en garde, les impressions retenues sont celles que j'ai eues alors que j'étais enfant.

Une année pourtant, c'était en 1973, nous étions en vacances à Chaumeil en Corrèze, à quelques heures de voiture. Nous sommes venus à Martel avec nos trois plus jeunes fils. Pour passer quelques heures seulement, apparemment en promeneurs, comme des touristes de passage. Mais… comme autrefois dès mon arrivée, visite à l'église, au cimetière… Je sentais la petite famille un peu étrangère à ces démarches, surtout au cimetière où je les avais entraînés alors que je craignais de ne pas savoir retrouver les tombes. Non, je n'étais pas touriste et je ne voulais pas qu'ils soient là superficiellement, comme on passe n'importe où.

J'avais aimé voir mon mari et mes enfants dans mes pas d'autrefois… les petits garçons ont couru sur cette murette où je suis assise, ils ont fait le tour de la Halle, non pas sur ses galets, mais sur son large bord, comme tous les enfants du pays. Ils se sont comportés comme s'ils étaient d'ici mais avec juste un peu plus de curiosité et d'audace parce qu'ils venaient à Martel pour la première fois.

C'était me semble-t-il un dimanche après-midi. Il y avait des touristes au cœur de la ville. On avait une sensation de temps plus lent, de temps à profiter, une paix, une tranquillité des heures... C'était l'air du dimanche, tout comme en cette fin d'après-midi.

J'ai montré aux enfants la maison de la rue Porte Pinche, mon école, - ils n'ont pas très bien compris ce que j'étais venue faire là et quand, même en ajoutant "quand j'étais petite". J'aurais voulu les voir plus attentifs, les savoir plus émus, mais je voyais qu'ils parcouraient ces lieux avec curiosité et bonheur, répétant les gestes de ma propre enfance, jusqu'au chemin de Sous les Murs.

Quand nous sommes passés rue Porte Pinche, en face de mon ancienne maison, j'ai reconnu Justine assise devant sa porte. C'était donc possible encore cette année-là de s'asseoir devant une porte, presque au carrefour, en plein virage pour qui venait de Gluges.

Justine avait été modiste. Quand elle m'a reconnue, elle m'a dit : "viens voir ce que je savais faire...". Dans la pièce du rez-de-chaussée qui autrefois lui servait de boutique, était posé sur la "forme" en bois, un petit chapeau ou plutôt une toque de couleur sombre devenue indéfinissable, très travaillée, très coquette, exposée là comme si elle était encore dans la devanture... il n'y avait plus de devanture. La forme était posée sur un vieux canapé et elle était là pour être montrée, pour être vue. C'était insolite, un peu fou... touchant, émouvant.

Justine avait beaucoup vieilli, elle avait perdu tous ses proches, elle était seule. Justine voulait que l'on sache ce qu'elle avait su faire. La petite toque était son chef-d'œuvre, le témoin de son savoir-faire.

Je n'ai pas eu l'idée d'aller jusqu'au Cap de Ville, pas le besoin peut-être. Les décors, le cadre de mon enfance que je voulais faire connaître n'étaient pas là-bas. Tante Marguerite était morte depuis déjà longtemps et parce qu'elle n'y était plus, je crois que j'imaginais sa maison fermée. Sans penser qu'elle pouvait appartenir à quelqu'un. L'idée de demander qui habitait cette maison ne m'était pas venue. Justine devait le savoir mais tandis que j'étais près d'elle, je ne pensais qu'à elle.

Le soir venu, avant de repartir pour la Corrèze, nous avons fait une dernière promenade dans le haut de la ville. On jouait du clavecin dans une salle de la mairie ouverte sur la rue Senlis. C'était beau. J'aurais voulu prolonger la soirée, les petits garçons avaient filé tout seuls vers la Halle proche, l'endroit leur était déjà familier. Nous étions tous les deux sensibles à la richesse, à l'harmonie de l'instant : les belles pierres de la Raymondie rénovée, les notes d'un temps passé... Le soir qui venait ajoutait sa grâce.

Nous n'avions fait que passer pour ainsi dire ; j'avais cueilli des souvenirs, inséré un peu de ma vie présente et nous repartions tous ensemble. Je n'étais pas seule, plus jamais seule me semblait-il. Je repartais sans tristesse : ma vie était là où étaient les miens.

J'avais l'impression de sortir d'un rêve, mais d'un rêve qui pouvait être partagé, chacun avait eu dans ses yeux les images de Martel et entre nous, on pouvait reparler de ces heures singulières.

Ce soir, je suis à Martel, je ne quitte pas Martel. S'il y avait de la musique au bord de la rue Senlis, je l'écouterais jusqu'à la dernière note. Je n'aurais pas dû laisser me revenir le souvenir de ce jour... je n'aurais pas dû penser à la présence dans cette ville des enfants et de Jacques. C'est fait. C'est peut-être bon, mélancoliquement bon après tout, de les revoir dans la ville avec tant de précision. Penser à eux, à eux ici, m'a redonné un peu de familiarité avec cette ville... Je dois prendre ce soir comme il vient, comme il m'est donné. J'ai la chance de dormir à Martel ce soir.

Je vais descendre de l'autre côté de la ville, vers un logis, vers des jardins et le plus étonnant : chez mademoiselle De...

J'attends de la connaître cette ville, remuante, active, dans ses jours ordinaires. Ce laisser-vivre, cette nonchalance du dimanche après-midi est trop lente quand on a hâte de se voir, de connaître, de reconnaître. Demain peut-être...

Je pourrais pour rentrer, traverser la Rode, contourner l'église, suivre le Capitani et j'aurais fait ainsi le tour complet de la ville dans cette journée... mais, il faut que j'aille voir, écouter du côté de la rue Senlis au cas où de la musique au moins me serait redonnée...

Aucun son de clavecin. Les portes de la Raymondie sont fermées.

Pas de petits garçons courant sous la Halle. Des inconnus qui marchent lentement ont l'air d'attendre le soir d'ici.

On dirait que les souvenirs d'enfance levés tout au long de ces deux jours cessent de me rejoindre. Je berce, je bloque, je garde plus vifs, plus forts, plus sensibles, ceux de ce bref passage à Martel quand nous étions plusieurs.

***

En allant au plus court par la rue Sainte-Anne, j'ai pourtant une pensée pour rire ou plus exactement, sourire seulement : mon grand sac bat ma hanche à chaque pas fait dans la descente et je réalise - je n'y avais jamais pensé en ville - je le porte en bandoulière, tout comme le Pépé portait sa musette lorsqu'il s'en allait "à la terre". Il y avait dedans, sa "paouco" de piquette et son casse-croûte de pain, de fromage ou de lard, plus la gousse d'ail.

L'inventaire de mon sac serait plus long et on n'y trouverait rien à manger. Le souvenir de la musette me donne l'idée, l'envie de partir un de ces jours vers les bois du côté de chez le grand-père et de m'y arrêter pour manger assise sur une murette de pierres sèches, regarder, deviner entre les troncs des petits chênes, sous leur feuillage gris, la verte vallée au bas des pentes et les monts lointains du Limousin. Le jambon du pays doit avoir une saveur particulière quand on le mange dans les bois ; plus, une poire du jardin défendu mangée entière sans personne avec qui la partager. D'ailleurs, ce n'est pas une pomme. Où es-tu Adam…?

J'aborde la grille, le jardin autorisé, - plus familier ce soir, nous avons ensemble un jour de plus - la clé. La porte d'entrée. Le soleil est dans la cuisine.

En pénétrant dans le jardin, j'ai entendu des voix venues depuis l'autre côté du L. Je pose mon sac - que je vois rustique désormais - je vais aller remercier pour le panier de poires. Ce sera aussi l'occasion de parler, dire des mots, en entendre, que la journée ne s'achève pas sur des silences… Le chat ne reviendra peut-être pas ce soir.

Comme hier, c'est la demoiselle qui est venue m'ouvrir la porte. Elle était plus souriante que la veille et avant même que j'aie pu achever de dire que je venais remercier pour le panier de poires : "Entrez ! Nous allions prendre le thé Louise et moi, vous allez vous joindre à nous".

J'avais sonné à l'heure du thé ! C'était l'heure du thé ! Pardon demoiselle. Je ne l'ai pas fait exprès. Je ne savais pas : five o'clock tea in Martel ! Il n'est pas dans mes habitudes d'arriver ainsi à l'heure du thé… Je regarde rarement ma montre et pas du tout depuis que je suis ici.

Five o'clock tea in Martel ! Je me suis retrouvée dans le salon, dans un fauteuil devant le service à thé posé sur un guéridon, confuse, heureuse et… dépaysée : je n'étais jamais entrée dans un salon à Martel tout en sachant qu'il y en avait derrière les hautes fenêtres des grandes belles maisons.

La demoiselle, Louise et moi, nous avons donc pris le thé. Le chat est venu, toujours curieux de nouveauté et depuis hier, j'étais sa nouveauté. Il m'a ouvertement manifesté sa sympathie, il paraissait me reconnaître ce qui a étonné Louise et ravi la demoiselle. Elle ne sait pas que Louise, lorsqu'elle est seule le chasse s'il rentre dans la maison "avec ses poils". Bien sûr, avec ses poils il est entré deux fois dans ma cuisine et je ne l'ai pas chassé et Louise ne le sait pas mais j'ai lu dans son regard aussi noir que celui de tante Marguerite qu'elle doit s'en douter.

    Le chat achève de me compromettre en sautant sur mes genoux. Il tourne, cherche une position, la trouve, s'installe, ronronne. Louise a l'air de quelqu'un que l'on nargue. La demoiselle a dit que je devais avoir un don car d'habitude il était presque craintif, le chat, même dans la maison.

    Mais non demoiselle ! Ce chat a tout simplement besoin d'affection. Moi aussi. Il l'a compris. C'est le chat qui a un don.

    La conversation a été agréable. Poliment, comme il se doit à l'heure du thé, après avoir remercié, j'ai attendu pour parler que l'on m'interroge - on m'avait fait souvent ce genre de recommandation quand j'étais petite. J'ai attendu les questions sans savoir ce qu'elles seraient et répondu sans abuser de l'écoute, même si des réponses à certaines de mes questions à moi allaient ouvrir un vide comme l'absence de la maison B. éprouvée le matin même.

    Tout d'abord : - Bien sûr, je vais beaucoup me plaire dans cet appartement.

    - Non merci, je ne manque de rien.

    - Non, je n'ai rencontré personne que j'aurais pu reconnaître en passant dans Martel.

    Et puis mes questions, surgies, formulées sans que j'y prenne garde et les réponses :

    - L'école Sainte-Anne ?

    - Il n'y a plus d'école Sainte-Anne, elle est fermée depuis longtemps, la propriété appartient à un particulier.

    - Les religieuses de l'hospice ?

    - Il n'y a plus de religieuses à la maison de retraite. Elles se sont retirées depuis des années…

Pourquoi ai-je posé spontanément ces deux questions ? Parce qu'elles se rapportent au milieu catholique de Martel familier à mademoiselle De ? Ou bien parce que mes relations de petite fille avec les religieuses de ces deux communautés, à l'école et au patronage avaient été importantes, réconfortantes, vraiment essentielles à des étapes difficiles de mon enfance et qu'instinctivement, à cette autre étape douloureuse, j'aurais voulu trouver le même réconfort ?

Comme j'aurais aimé retrouver des sœurs de saint Vincent de Paul !

C'était sans doute en 1957. Nous habitions alors le Puy-en-Velay où mon mari fonctionnaire avait été nommé. Notre fils aîné Yves, 6 ans, après une méningite était resté infirme cérébral. Nous l'avons emmené à Lourdes avec le pèlerinage diocésain. On nous avait désigné un hôtel, l'hôtel de Gascogne.

Un jour, quand nous prenions notre repas de midi dans la salle de restaurant, j'ai vu passer dans l'allée centrale une petite bonne femme qui ressemblait à la petite Berthe de l'hospice de Martel, celle qui bougonnait toujours. L'instant d'après, vient à passer une femme qui ressemblait à madame C. agricultrice aux Landes de Martel ; j'ai pensé, le cœur battant, qu'il ne pouvait y avoir deux ressemblances aussi frappantes au même endroit, au même instant... En me tournant vers le fond de la salle où se dirigeaient ces personnes, j'ai aperçu des cornettes blanches de sœurs de saint Vincent de Paul et je me suis levée pour aller les rejoindre. J'ai reconnu aussitôt sœur Madeleine et mère Marie-Joseph qui étaient déjà à Martel quand j'étais petite. C'étaient bien madame C. des Landes et la petite Berthe que j'avais vues passer. Une adolescente les accompagnait, une petite-fille des V. J'avais connu sa mère, un peu plus âgée que moi, disparue alors que ses filles étaient encore toutes petites.

Yves n'a pas été guéri, mais nous avons eu cet inattendu petit miracle : dans la foule de Lourdes, retrouver le même jour, au même point, ce groupe de Martel. Avoir eu tant de réconfort à voir ces religieuses de mon enfance entourer Yves, partager notre peine et les entendre nous dire qu'elles prieraient pour lui tous les jours de leur vie.

Comme j'aurais aimé retrouver à Martel les sœurs de saint Vincent de Paul !

Je n'ai pas envie de poser d'autres questions. Pas besoin. Je ne pense même pas à poser des questions au sujet de la maison du Cap de Ville ou de personnes que je connaissais... Mademoiselle De et Louise n'ont pas été mêlées à la vie du bourg et je n'étais liée à personne.

Je réponds encore à quelques questions, un peu sur ma vie actuelle, mes enfants, mes petits-enfants. On ne parle pas de mon mari. Sans doute pour ne pas m'attrister et ainsi à l'heure du thé, il est absent de mon existence. Il est vraiment absent d'ici.

On devrait davantage parler des morts. Tout d'abord, on ne parle pas d'eux pour ne pas faire de peine, et puis... on prend l'habitude de ne pas en parler. Et c'est alors qu'ils sont des morts.

Un moment de durée convenable après avoir pris le thé et je prends aussi congé. Je dépose le chat sur le tapis et sur ses quatre pattes. Il a l'air étonné, mal réveillé alors qu'il faisait semblant de dormir et il paraît mécontent parce que ce n'est pas lui qui a décidé de bouger.

Je ne m'ennuyais pas, juste un peu de chagrin en pensant aux sœurs de l'hospice et aux maîtresses de l'école Sainte-Anne. Nous aurons l'occasion de bavarder à nouveau, mais il faut que je me souvienne afin de ne pas aller sonner justement à cette heure-là : five o'clock tea in Martel.

***

Avant ce soir, avant de refermer la porte et les fenêtres de ce logis indispensable seulement pour y manger et y dormir pendant deux semaines, il faut qu'avant cette deuxième tombée du soir, je fasse encore quelque chose. Il faut encore que je sorte. Dehors je suis à Martel, surtout si je regarde la ville de loin. Pas trop loin.

Traverser la voie, monter sur la route de Creysse. Je sais qu'au plus haut de la montée, quand je me retournerai, je verrai la ville sur toute son étendue, encore sous un autre aspect.

De ce côté, c'est le beffroi de la Raymondie qui domine les toits de tuile ; à droite, presque à l'autre extrémité de la ville, l'église, plus éloignée, bâtie un peu plus bas apparaît moins massive, moins imposante. De hautes tours disséminées d'anciennes demeures seigneuriales ou bourgeoises, des masses de verdure, le tracé des rues deviné à une coupe entre le double alignement des toits. Quelques vides révèlent des places, des placettes ou bien la présence de ces jardins presque secrets enclos dans des murailles et que l'on ne voit pas lorsqu'on passe dans les ruelles sous de sévères façades.

Haut sur cette route de Creysse, la ville apparaît plus dense, plus ramassée ; elle est à déchiffrer, décrypter longuement comme un plan touffu, surchargé, riche.

Je suis sur la route de Creysse, peu fréquentée, secondaire, bien que des maisons neuves aient été bâties tout en haut de la côte.

Sur la route tranquille, je peux retrouver ce soir, venant des talus et des champs d'alentour, les bruits multiples, ténus et les odeurs d'herbes sèches de tous les étés.

Enfant, je ne venais pas seule sur cette route éloignée de la rue Porte Pinche, éloignée du Cap de Ville. J'ai dû la découvrir peut-être avec les sœurs du patronage qui nous emmenaient parfois en promenade aux beaux jours et surtout avec les pensionnaires et les maîtresses de Sainte-Anne : c'est la route la plus proche de l'école pour s'en aller dans la campagne.

Je sais qu'après la longue montée en ligne droite, après les maisons neuves, après un virage presque à angle droit vers la gauche, on ne verra plus Martel et ce sera un autre paysage, un autre univers, un autre temps peut-être… D'abord plate, la route commencera ensuite dans un paysage désert, une lente descente vers le village de Creysse et la vallée de la Dordogne.

À chaque promenade, je savais que passé le virage on arrivait dans un lieu différent, étrange où affleuraient des temps lointains…

Une maîtresse de l'école Sainte-Anne, un jour avait raconté.

Sur la gauche, le champ des anglais où on s'est battu pendant la guerre de cent ans. On dirait que ce champ de cailloux et d'herbes rêches est resté tel qu'il devait être alors ; sur cet espace nu, on perçoit une tristesse de fin de bataille et le moindre souffle de vent qui passe semble réveiller des murmures, des plaintes.

Un chemin s'éloigne de la route toujours sur la gauche. On dit que c'est "le chemin du Roi" et sans doute le chemin de Saint-Jacques, celui que prenaient les pèlerins pour se rendre à Compostelle en passant par Rocamadour.

On dit toujours que les pèlerins partaient… S'ils revenaient, quand ils revenaient, descendaient-ils pour une étape dans Martel la bourgade hospitalière ?

Au dessus du chemin, dans le haut d'un champ aussi désolé que celui des anglais, il y a un dolmen enfoui sous des buis, tourné vers le levant. Quand on me l'a montré pour la première fois, je me souviens d'être restée silencieuse, recueillie, comme devant la tombe retrouvée de l'un des miens.

S'il y a la sépulture d'un homme à cet endroit, c'est que des hommes ont vécu là. Depuis le haut du champ, si on se retourne, si on regarde au loin en oubliant plus bas le tracé insolite de la route, du chemin et quelques toits de ferme, on peut penser que ceux qui vécurent là eurent cette même vision : des bois à l'infini et après les bois, un fond de brume au-dessus des eaux d'une rivière.

Ces champs, ce versant sans haute végétation sont jusqu'à la route plus bas, en pleine lumière quelles que soient la force et l'heure du soleil. Sans ombres.

Sur la droite, au dessous de la route, au-delà des prés étroits dévalant vers eux, c'est le domaine des bois sauvages, le domaine de l'ombre et dans l'ombre, les ruines de la Bassaudie[3].

Des ruines en pans de murailles, certaines encore très hautes, dressées, déchiquetées, pathétiques, mystérieuses, inquiétantes. On ne peut qu'imaginer des fins de vie dramatiques...

La Bassaudie, restes d'un château ? D'une maison forte ? Étrange position au fond de ce creux alors qu'un peu partout les châteaux forts sont guetteurs d'horizons au-dessus des vallées.
Ici, à la Bassaudie enfouie, on ne pouvait être qu'à l'affût... ou tout simplement, tranquille au cœur des bois jusqu'à ce que...
L'histoire de ce lieu est mal connue, mais comme sur le champ des anglais, une détresse plane.

Bien après les promenades du patronage ou de la pension Sainte-Anne, en vacances chez tante Marguerite, je venais seule à la Bassaudie.

- Tu n'as pas peur d'y trouver quelqu'un ? disait tante Marguerite, tentée d'interdire la promenade à cet endroit mais sachant bien que j'irai quand même.

- Non. Mais je n'y allais que lorsqu'il faisait très beau temps, en plein après-midi, au grand soleil et je ne rentrais jamais à l'intérieur des murailles. Je m'asseyais sur une pierre au soleil, prise, contemplative, envoûtée par le mystère du lieu, sans véritable crainte, mais sensible au moindre bruissement, au moindre glissement sous les ronces, angoissée aussi lorsque les oiseaux - quelle sorte d'oiseaux ? - ne chantaient pas mais lançaient des cris espacés et brefs comme on donne l'alerte.

- Et s'il y avait quelqu'un de ce siècle ou bien d'un autre ?

---

[3] Appelée aussi la Vassaudie (ndlr)

Je grimpais vivement vers la lumière jusqu'à la route civilisée comme on fuit devant un danger imprécis mais certain. Des griffures de ronces sur mes jambes, témoignaient du risque couru et de la sauvagerie des lieux.

Je suis partie sur cette route de Creysse...
J'aurais dû me rappeler que depuis le mois de mai, je n'avais pas encore appris à me promener seule. J'aurais dû me souvenir que lorsque j'étais venue la derrière fois sur cette route, c'était avec lui.

À la Toussaint de 1950, nous étions mariés depuis septembre, je voulais que tante Marguerite le connaisse (je n'avais pas pensé à le présenter avant). Je voulais qu'il connaisse Martel. Il voulait connaître Martel. Je l'ai emmené dans tous les endroits que j'avais aimés et ce haut-lieu de la route de Creysse en était un.

Ce jour-là, le temps était sec, froid, le soleil pâle. Il avait gelé, l'air était dur à nos visages, le champ des Anglais et celui du dolmen, plus que jamais rêches, gris, désolés, mais en contre-bas de la route, sans leurs feuillages, les bois recevaient la lumière jusqu'au sol et les ruines de la Bassaudie dans un fond de brume légère, à travers l'entrelacs des branches nues composaient un ensemble, redevenaient château.

En nous donnant la main, nous y sommes descendus en courant dans la pente.

Avec lui, je suis passée de l'autre côte des murailles, contemplées seulement autrefois. Grimpés sur des éboulis, hasardés sous des voûtes, des arcs, nous avons été seigneurs des lieux, ne parlant qu'à voix basse, émus, admiratifs, imaginant la belle demeure au temps de ses vivants...

Tandis que nous remontions lentement, il m'a semblé que dans le secret de ces murailles, si nous nous étions attardés encore un peu dans le froid et les ombres, nous y serions restés, retenus, pétrifiés par quelque sortilège, comme les amoureux des "Visiteurs du soir".

Mais nous étions vivants, marchant d'un même pas, chauds l'un contre l'autre et j'allais avec lui vers la maison de tante Marguerite…

Je n'aurais pas dû venir sur cette route. Ni aller rôder rue Senlis.

J'ai parcouru depuis hier des lieux qui me furent familiers, où se sont levés des souvenirs, mais seulement des souvenirs d'enfance. Ce soir, trop loin de ce matin, parce que d'autres ont surgi, ils me paraissent en aval, amarrés, laissés dans une autre existence. Je les avais perçus, extirpés, précisés, comme pour les raconter à quelqu'un qui aurait dû être près de moi dans la ville, tels qu'en ce jour de Toussaint 1950.

Il n'était pas dans les souvenirs d'enfance. Il est dans ceux de cette fin d'après-midi. Il est et il n'est pas.

Je trouvais normal d'être seule quand j'étais petite. J'en avais l'habitude et personne ne me manquait vraiment avant la mort de mon père, mais sur cette route, je me sens encore une fois impaire et frileuse malgré la douceur du soir.

Je n'aurais pas dû revenir sur cette route de Creysse : la pente est trop raide. Avant le virage, je vais m'arrêter, me retourner, avant que l'image de la ville m'échappe. Face à cette vue de Martel, je vais redescendre vers le gîte, l'abri entre les deux jardins, voir le soleil du soir sur les objets de la cuisine et peut-être le chat, le refuge où je n'ai pas de souvenirs qui viennent me surprendre.

D'ici, en descendant sur la route, le quartier de la rue Porte Pinche et du Cap de Ville, cachés au loin derrière l'église sont invisibles. Restés dans une autre existence dont les peines anciennes sont calmées.

Ce soir, si loin de ce matin, c'est ainsi.

***

Le lendemain, imperceptiblement, quelque chose était différent dans l'air de la ville, l'ambiance : moins de chaleur, moins de vacanciers de passage, moins de voitures, plus de voix du pays, plus de sonorités locales. La vie ordinaire d'ici. Ce matin de septembre m'a paru tonique, porteur d'émotion, tel qu'autrefois celui de la rentrée.

Dès le matin je suis allée à la mairie ; les deux tombes sont bien à moi et elles le resteront si elles sont visitées, entretenues.

- Ne vous inquiétez pas.

Avais-je l'air d'être inquiète ? Parce que l'employée était jeune, je n'ai pas osé poser d'autres questions sur les temps plus anciens qui me préoccupaient. Ils ne pouvaient pas être dans sa mémoire, ni inscrits dans ses registres.

Je suis passée ensuite chez les fleuristes de la Place, au "Jardin de Caroline" chercher des fleurs pour les emporter sur les tombes et c'est là, à cause des tombes, à cause des fleurs pour les tombes que j'ai trouvé le contact avec la ville, la brèche par où rentrer dans la ville réelle, parmi les vivants de cette ville.

On n'est pas obligé de dire pour qui et pourquoi on vient chercher des fleurs. J'ai dû sans doute dire plus. Je paraissais peut-être égarée dans Martel, égarée dans le jour malgré la beauté du matin… Ma voix peu utilisée depuis mon arrivée était peut-être hésitante, mal timbrée… Soudain, l'attention du jeune couple de fleuristes n'a plus été commerciale, machinale, mais plus appuyée, amicale, leur regard posé consciemment sur moi.

- Vous avez une tombe au cimetière de Martel ? Êtes-vous d'une famille d'ici ?

J'ai raconté. J'ai essayé de raconter, en désordre, incohérente, bouleversée, "sonnée" parce que je venais d'atterrir. Angoissée d'être soudain contrainte à connaître et à être reconnue, identifiée. Après la longue errance de ces premiers jours, sentiment d'être arrivée et de l'avoir cherché, ce réconfort qui venait de me piéger.

Ils ont aussi parlé de leur famille martelaise.

Un grand-père fut boulanger dans le haut de la rue Sainte-Anne et j'ai connu les grands-mères du jeune homme. Je ne connais pas la famille de la jeune femme, mais c'est sa mère qui demeure dans la maisonnette en face de chez mademoiselle De. La voix d'enfant venue d'un jardin, entendue à mon arrivée est celle de sa petite-fille Caroline et le magasin est aussi "le Jardin de Caroline".

Ce couple est trop jeune pour avoir connu ma famille proche, mais ils se souviennent de l'oncle et de la tante de Paris qui venaient au Cap de Ville dans la maison de tante Marguerite.

Interrogation immédiate. Jaillie.

- Qui habite cette maison ?
- Elle a été vendue, il y a des années. C'est un ouvrier boulanger qui l'a achetée et qui y demeure.

La maison de tante Marguerite vendue ! Je n'avais pas pensé à cette éventualité. Surprise et… de la peine en pensant à Marguerite, morte bien avant, mais qui n'aurait jamais pu imaginer que cette maison donnée par ses parents puisse être vendue.

Surprise, étonnement, mais peut-être soulagement : si la maison a été vendue, il n'y a donc plus personne de la famille au Cap de Ville. Une vieille peur pouvait me quitter. Le Cap de Ville m'est désormais autorisé, accessible sans crainte.

Autorisé, accessible… mais pourquoi faire ? Je serai à Martel aussi libre qu'en pays inconnu. Presque aussi libre. Mais la maison de tante Marguerite ne sera plus qu'à regarder…

Brusque étreinte des regrets au sujet de rencontres manquées qui auraient pu être apaisantes et ce sentiment qu'aucun nouveau souvenir ne pourra sortir de cette maison, mais elle va bien, elle continue à vivre. Avec d'autres.

Les fleuristes m'ont demandé qui je connaissais, qui j'aimerais revoir. Je ne savais plus… je ne savais pas. Un seul nom m'est venu, surgi de quelques moments heureux de l'enfance,

celui de ce petit garçon qui venait parfois égayer la maison, amené par Antoinette.
- Il était là tout à l'heure.
Ils lui ont téléphoné. Il est venu. J'ai aussitôt reconnu l'enfant d'autrefois, sans transition métamorphosé en homme.

C'était l'heure où on fait les courses en ville. Les journaux, le Casino et entre les deux, passage obligé devant le fleuriste qui connaît tout le monde.
- Avez-vous connu une telle qui passe ? Si je répondais oui, ils l'appelaient aussitôt :
- Venez voir une personne que vous connaissez et de citer mon nom d'enfance, Anne-Marie Bélis et celui de mon père couvreur rue Porte Pinche. J'étais identifiée, située.

On ne se reconnaissait pas vraiment tout de suite... un silence et, peu à peu une brume se dissipait, on se souvenait... on se souvenait ensemble. Toujours des souvenirs d'école (ce n'était pas mes plus glorieux). C'est moi qui me souvenais le mieux, avec le plus de précision : j'avais de ce temps des "images arrêtées". Arrêtées par des départs, restées gelées, intactes.

Moi je reconnaissais les yeux, le regard que j'avais toujours cherché chez les autres et aussi, une fois dit le nom de famille, je saisissais immédiatement la ressemblance avec les parents que j'avais connus, ressemblance souvent accusée avec l'âge. Le lien entre les générations, leur continuité, à l'instant même était perceptible et le raccourci troublant, vertigineux...

Une rencontre en appelant une autre, de rencontre en rencontre, il m'a semblé que la ville se réveillait pour moi, que ses habitants étaient enfin visibles en ce matin de septembre.

Les avais-je rencontrés sans les voir, tant que leur regard n'avait pas croisé le mien ?

Je serais tout naturellement revenue chez mademoiselle De l'année suivante.

Revenir aux beaux jours dans une maison qui s'ouvre, que l'on reconnaît, dont on retrouve les meubles, les objets, non pas en abandon, mais en attente de présence. Les retrouver, même s'ils ne vous appartiennent pas.

Se lever là-bas par un matin de beau temps et sous la lumière encore oblique, regarder le jardin qui a changé, lui, puisqu'il est vivant !

Je pensais ainsi, oubliant le dépaysement éprouvé au premier contact avec ce logis aux antipodes du Cap de Ville et de la rue Porte Pinche.

Désormais occupé par sa famille, le logement n'était plus à louer m'a écrit mademoiselle De. Il m'a semblé qu'elle en avait du regret. Moi aussi.

Je ne suis pas allée à Martel cette année-là.

Je ne suis pas allée à Martel, mais je n'ai plus perdu le contact. De loin en loin, j'ai correspondu avec Jeannette, la fille de madame C. des Landes, rencontrée à Lourdes 25 ans plus tôt. Je crois bien que Jeannette et moi ne nous étions plus vues depuis l'école ; elle m'avait invitée un après-midi dans sa grande maison entourée d'un vaste jardin très fleuri et qui s'étend de la route de Gluges jusqu'au Carbon Blanc. J'avais vu construire cette maison ; c'est mon père qui en avait fait le toit.

Les lettres de Jeannette, me racontaient le temps qu'il faisait, son jardin, "la maman" (sa mère) et selon la saison, les confitures, les coulis, les liqueurs, les conserves... Elle me donnait les nouvelles de Martel, tout particulièrement des personnes que je pouvais connaître.

Comme les fleuristes, elle m'avait aidée à retrouver des "écolières" de Sainte-Anne ou de l'école laïque. Avec elle, je les avais rencontrées surtout au marché du samedi ou le dimanche à la sortie de la messe. Je le savais bien qu'à ces deux endroits on pouvait reconnaître quelqu'un...

L'année d'après, parmi les locations de vacances proposées par le syndicat d'initiative de Martel, une, située au Cap de Ville a tout de suite attiré mon attention : appartement indépendant avec cour, terrasse...

Pour moi, le Cap de Ville, c'était seulement la rue qui monte depuis le carrefour avec la route de Gluges jusqu'à la dernière maison en face du pré de la Cuvette. Il n'y a pas de numéro bien sûr mais ce logement ne pouvait qu'être proche de la maison de tante Marguerite. En tout cas, c'était dans mon quartier !

Le nom du propriétaire, Charazac, est répandu dans le pays et il n'y avait pas autrefois au Cap de Ville de famille portant ce nom...

Quand j'ai téléphoné un samedi après-midi, il faisait beau ici à Rouen ; sans doute encore plus beau là-bas. J'ai attendu, la sonnerie prolongée, le temps de laisser venir d'un jardin imaginé jusqu'au téléphone dans la maison. Une voix de jeune fille, l'accent de Martel... il m'a semblé en respirer l'air...

Je dis la raison de mon appel.

- Maman n'est pas là, j'appelle mon père...

Je me présente native de Martel. Trop jeune le papa pour avoir connu ma famille, mais il a passé son enfance à Martel où sa mère était institutrice et ils habitaient place de la Rode en face de l'école des filles. C'était bien après mon départ mais nous avons des connaissances communes.

L'appartement à louer contigu au sien était celui de sa mère. Il est dans un chalet situé non pas dans la rue du Cap de Ville, mais au bord du Carbon Blanc...

- Si vous connaissez, là où il y avait des vignes autrefois...

Je connais.

C'est dans la vigne voisine du jardin de tante Marguerite, celle de la Pauline que j'ai sauté un jour d'été après une dispute avec les deux tantes décidément invivables (pour moi) quand elles étaient ensemble. Pendant qu'elles continuaient à discuter à mon sujet (mauvais sujet), dans la cuisine côté rue, je suis partie côté jardin pour aller rejoindre mon grand-père.

Ma vie d'adulte a sans doute commencé là, à ce premier pas de l'autre côté du grillage.

Ce n'était pas un pas, c'était un saut !

Je ne l'ai jamais regretté. Un seul chagrin ce jour-là : avoir perdu dans ma course une broche que j'aimais, un petit Vercingétorix, en métal doré fixé sur un carré en cuir bleu marine. Je ne pouvais pas revenir le chercher ; j'ai pensé que si personne ne le ramassait, il allait s'enfoncer lentement dans la terre.

Je le savais qu'il n'y avait plus de vignes, plus de grand-père en chapeau de paille et tablier bleu… L'année précédente, j'étais passée dans le chemin du Carbon Blanc. Je n'avais osé revenir au Cap de Ville qu'après avoir appris que la maison de tante Marguerite avait été vendue. Depuis le chemin, j'avais aperçu la murette qui soutient le jardin surélevé et sur laquelle l'été, on faisait sécher les prunes bleues sur une claie ronde. J'ai vu le toit côté jardin, côte pignon et la fenêtre qui aurait pu être celle de ma chambre, une fois réalisé le rêve de tante Marguerite… vu les feuillages, peut-être celui du haut poirier.

À la place des vignes, il y avait deux maisons neuves, un jardin, une pelouse. À droite, en contrebas du chemin, la propriété de Jeannette, sa maison, la grange et son pigeonnier et de l'autre côté de la maison, au bout du terrain, son bois de chênes au tapis d'herbe soigné comme un gazon.

Sur la gauche, face au bois, j'avais remarqué un long chalet que je n'avais pas osé bien regarder, parce que, par ce bel après-midi de septembre, des femmes étaient installées devant sur la pelouse, occupées peut-être à un ouvrage. C'est ainsi que je les avais vues. Aperçues. Elles ont dit bonjour, j'ai répondu, ou bien… c'est peut-être moi qui ai dit bonjour la première, jouant à celle qui est du pays et elles ont répondu.

C'était sans doute dans ce chalet que j'allais vivre quelques semaines presque dans mon quartier, au bord du Carbon Blanc, face au bois de Jeannette, Martel à contempler. J'allais tourner le dos à la maison de tante Marguerite.

Je suis venue avec mon fils Jean-Jacques, par le train, au mois d'août. La chaleur était torride sur le quai de Saint-Denis, les cigales folles, mais on nous attendait.
Nous étions parmi ceux que l'on vient chercher.
Mireille était là avec sa voiture. C'est elle la première qui nous a repérés. Premiers contacts timides. Premiers regards d'inconnue à inconnus, mais qui cherchent à se connaître et pressentent déjà que la relation sera heureuse.
Pour moi, bonheur d'être de retour à Martel et cette fois avec un de mes fils - un de ces trois petits garçons qui couraient sous la Halle douze ans plus tôt - quelques jours plus tard, Philippe allait venir avec sa femme et ses deux enfants ; les autres viendraient au cours des étés suivants…
Le relais passait.

Le temps du trajet en montant de Saint-Denis, je n'ai pas seulement regardé le paysage ; souvent je me suis tournée vers mon fils comme pour m'assurer que son regard trouvait tout ce que j'aimais.
On ne rentre pas dans le bourg, on ne descend pas le Cap de Ville, on tourne à angle droit au ras de la dernière maison de la rue, c'est le chemin de Malepique. Sur la droite, deux maisons comme autrefois, mais plus de vignes. Deux maisons neuves sur la gauche et un peu plus loin, un peu en creux, perpendiculaire au chemin, le chalet. Le chalet, non pas comme je l'avais entrevu deux ans auparavant, mais vu de dos si je puis dire, sur son autre façade.
Quelques marches en bois contre le chalet, un petit perron couvert, Mireille ouvre la porte. L'appartement est dans une

pénombre fraîche et dans la demi-obscurité, il garde son mystère, son anonymat pendant quelques instants encore. J'aime cette attente qui précède la découverte. Je suis certaine que cela ressemble à un bonheur.

Quand Mireille a fait glisser une longue porte vitrée, roulé un grand volet, la salle a été ouverte entièrement sur la terrasse qui a aussitôt agrandi l'espace intérieur et l'ambiance a été inattendue, presque exotique. J'ai pensé à une maison coloniale : la lumière verte et dorée, la chaleur retrouvée à senteur de fruit mûr et surtout, cette terrasse sur fond de pelouse et sa balustrade aux larges barreaux de bois brun, ses hautes plantes vertes.

La pelouse est sans barrière, sans muret, sa seule limite, le tracé clair du chemin du Carbon Blanc, devant un bois de chênes, le bois de Jeannette.

Le toit descend un peu au-dessus de la terrasse, la protège, ajoute de l'ombre, du bien-être. Des touches mouvantes de soleil dansent à contre-jour entre les feuilles d'un tilleul tout près devant la terrasse.

Sur la pelouse, des arbustes, quelques arbres fruitiers - il y aura des prunes bleues - des fleurs vives en touffes au pied des arbres ou disséminées dans des poteries.

À l'extrémité ouest de la terrasse - j'ai regardé où était le soleil - du côté où nous allons habiter, une glycine est en pleine floraison ; un bourdon velouté fait du surplace.

Le onzième étage de Rouen est flou dans les nuages. Ici, la pelouse est à six marches.

Quand le regard s'en va à droite, vers l'espace plus minéral à découvert, l'église est là-bas, dressée contre le ciel d'été.

Je retrouve, juste glissée un peu plus loin, l'image que j'en avais depuis le jardin de tante Marguerite. Image arrêtée désormais au large de la terrasse des Charazac.

J'étais vraiment de retour cette année-là.

Nous étions de retour.